아야진 블루

책 만 드 는 집
시인선 269

아야진
블루

윤금초 시집

책만드는집

| 시인의 말 |

 이로써 나의 '가당찮은 5개년 프로젝트(《월간문학》 2024년 3월호 「이 시대 창작의 산실 – 윤금초 편」)'는 마침표를 찍은 것인가.
 2021년 장편 서사시조집 『만적, 일어서다』, 2022년 성담론 시편 『거시기 & 머시기』, 2023년 『독의 계보』, 2024년 단형시조집 『바다 인문학』에 이어 2025년 『아야진 블루』를 받아냄으로써 5개년 프로젝트는 대단원의 막을 내린 셈이다.

 어디 한 번쯤 상상이나 했겠는가? 돌이켜 보면 숨 가쁜 강행군이 아니었나 싶다. 1년에 시집 한 권씩

받아내는 고역이라니…. 나는 나와의 약속을 저버리지 않기 위해 오매사복 자기 투쟁을 게을리하지 않았다. 다시는 시도하고 싶지 않은 몹쓸 '병마病魔'였다. 어느 시인의 시구처럼 그것은 죽음같이 살아야 하는 '메마른 바람의 질주'였다.

2025년 10월
금초시마재에서
윤금초

| 차례 |

4 • 시인의말

1부

13 • 하얀 물갈래
14 • 숲길, 가을비
15 • 바다 묵시록
16 • 순롓길
17 • 오래된 시편
18 • 어떤 자맥질
19 • 카타콤, 카타콤
20 • 어둠, 혹은 코브라
21 • 한낮의 수다
22 • 르누아르 팔레트
23 • 육탈 실루엣
24 • 아야진 블루
25 • 견자의 입말
26 • 넉살도 참,
27 • 따지기 무렵의 시
28 • 무릎장단 치다 말다
29 • 해리 벨라폰테의 바다
30 • 관성 법칙 2
31 • 오야붕 & 꼬붕
32 • 어질머리, 어질머리로다

2부

35 • 바다 자궁
36 • 만연체 몸시
38 • 딸가닥, 딸각
40 • 달빛 탄주 2
41 • 황소 파도 1
42 • 천형의 고리
43 • '억살대' 푸른 칼날
44 • 아침 바다 시편
45 • 눈물 바람, 울음 바람
46 • 컴포지션 1
47 • 컴포지션 2
48 • 반 박자 너름새
49 • 장구럭, 빈 구럭
50 • 풀밭 위의 격정
51 • 해안선 오후
52 • 욱신욱신
53 • 도도새에 관한 간추린 보고
54 • 시시껄렁한 삽화
56 • 컴포지션 8
57 • 억새풀, 속새풀

3부

- 61 • 랍비에게
- 62 • 뜬금없는 실루엣
- 64 • 떠도는, 새
- 66 • 황소 파도 2
- 67 • 곰살가운 언동
- 68 • 장어구름 일가
- 69 • 푸른 전율
- 70 • 꿉꿉한 날의 삽화
- 72 • 히이요오, 호랑지빠귀
- 73 • 멈칫대는 안개비
- 74 • 불, 소용돌이
- 76 • 황소 파도 3
- 77 • 그 바다, 음험한 모의
- 78 • 억장 무너지는 소리
- 80 • 마녀의 춤
- 81 • 곁불
- 82 • 콧구멍이 둘이라서
- 83 • 편전의 밤
- 84 • 삼태성 하늘
- 85 • 하오의 솔숲

4부

- 89 • 밤바다 판타지
- 90 • 산도 절도 들었다 놓는
- 91 • 수련, 팜 파탈
- 92 • 옴스라니, 슬픈 서사
- 93 • 예각의 시
- 94 • 그날 그 모데라토
- 95 • 쥐라기 성난 파도
- 96 • 판도라 바다 1
- 97 • 판도라 바다 2
- 98 • 판도라 바다 3
- 100 • 판도라 바다 4
- 101 • 상소리 버전
- 102 • 파도야, 죽살이 파도야
- 103 • 봄빛 데생
- 104 • 잠행
- 108 • 깨춤 추는 바다
- 109 • 잘룩귀꼴뚜기
- 110 • 멘붕 개펄
- 111 • 대적
- 112 • 톱날 바다

5부

- 115 • 여적 2
- 116 • 독즙보다 쓴
- 117 • 은빛 달랑게
- 118 • 하얀 밤, 전갈
- 119 • 한낮의 되돌이표
- 120 • 섬뜩한 날의 기록
- 121 • 곰팡이 검은 포자
- 122 • 어느 날 일기
- 123 • 뜬금없는 풍경
- 124 • 길거리 논객
- 125 • 헛목 다듬는 바다
- 126 • 해안선 일박
- 127 • 하얀 일요일
- 128 • 엉너리, 혹은 설레발
- 130 • 바닷가 음유시인
- 131 • 자괴
- 132 • 진질에게 뺨 맞고
- 133 • 이쪽에다 다리 놓고, 저쪽에다 샛길 트고
- 134 • 뱃길, 서해바다
- 136 • 일떠서는 물너울

- 137 • 해설 _ 윤금초의 시조 미학·유성호

1부

하얀 물갈래

굽이굽이 이어 내린
말갈기 곧추세우고

물미는 성난 파도 떼
뒷심 누가 받쳐주는지

항꾸네*
용틀임하는
힘센 거대 물뭍동물!

* '함께'의 전라도 탯말.

숲길, 가을비

빨간 건 빨간 대로

노란 건 노란 대로

푸른 건 또 푸른 대로 채도彩度 한껏 돋워놓고

천년 숲

들깨운 가을비

하늘 귀도 씻고 있다.

바다 묵시록

아침 동살 신명 지펴 수평선 길게 눕는다.
엎어놓은 조개껍질, 그 형용 닮은 섬들이
이따금 애써 몸 뒤집는 나사조개 뒤태 같다.

멀리, 멀리 돌고래 떼로 몰려오는 파도 더미.
쪽빛도 진한 쪽빛, 청록 물감 풀어나 놓고
송곳니 한껏 드러낸 물너울이 으르렁댄다.

성난 파랑 돌고래 떼 몰려오고 또 몰려온다.
아침 동살 멈칫대는 금도襟度의 수평선 너머
우르르 왔다 떠난다, 은빛 비늘 터는 바다!

순롓길

걸을수록 늘어나고, 끝이 안 뵈는 길들.

 길은 그예 걷지 않으면 안 되므로 걷는 것이다. 걷는 것 말고는 딱히 할 수 있는 일이 없으므로, 무엇을 해야 할지 정녕 알지 못했으므로 걷고 또 걷는다. 아무것도 할 수 있는 일이 도무지 없을 때, 무엇을 해야 할지 알지 못하는 사람이 할 수 있는 유일한 일이란 터벅터벅 걷는 것이다. 꼬인 듯 뒤틀린 듯 강인한 사내 이두박근 닮은 나뭇등걸-사백쉰 살 저 화엄매華嚴梅…. 화엄사 화엄매 따라 섬진강 거슬러 오른 강바람 솔기, 그 솔기 더불어 노고단 허위넘다 숨 한번 고르고 어절씨구 고르다가 우화羽化의 꽃비 맞는다.

 때때로 걷고 걷는 길, 그 위에 내가 선다.

■ 이승우 소설 「지상의 노래」 참고.

오래된 시편

바싹 마른 입시울에 파르르 떠는 쇳소리다.

뱀을 살살 어르는 그 땅꾼의 입매도 잠시

끊일 듯 끊이지 않는 장송곡이 왜자하다.

어떤 자맥질

크낙한 구멍 뚫린갑다, 온몸 살살 울림통에.

뱃속에서 갑작스레 꾸룩 소리 치밀어 오고, 몸뚱이 드럼 삼아 누가 마구 두드린갑다. 소리는 짧게나마 지속되는 삶의 곤고, 죽음의 썰렁한 공포 한꺼번에 몰고 온다. 가시 갑옷 둘러쓴 건가? 머릿속은 쿡쿡 쑤시고, 우두망찰 지끈거리고…. 한길가나 빌딩 어귀 역병疫病의 신음 소리 쾅당쾅당 귀청 때린다. 전신이 마취제에 어리마리 취한 건지 천야만야 구렁텅이로 아으, 몰라 곤두박인다.

마침내 나팔관 열고 잠과 꿈 경계 자맥질한다.

카타콤*, 카타콤

굴도 같고 널도 같은 비좁은 외딴 골방.
숨결마저 억누르고 소리 죽여 경전 외는
흰 수염 그 헤브론성, 텁석부리 지도자로.

등불이 빛날수록 그림자는 더 어두워진다.
모서리 죄 닳고 닳고 빛바랜 복음서 너머
'자는 곳' 손짓하는가, 치미테로** 언뜻 뵌다.

붙잡으려 쫓을수록 멀리, 멀리 숨는 안개.
몸은 비록 사라져도 지우지 못할 흔적인가?
성속聖俗의 한 뼘 경계가 벽화 곁에 돌올하다.

---

* 초기 기독교 공동체 신자들의 지하 무덤.
** '쉬는 곳'이라는 의미를 지닌 카타콤.
■ 이승우 소설 「지상의 노래」 참고.

어둠, 혹은 코브라

때로 병은 어둠이고
어둠은 때로 독이다.

코브라 장식 너볏하다, 고대 이집트 조각상에. 신들이나 왕들 머리 빛내주는 우라에우스. 본디 뱀은 힘의 상징, 왕족 표시 하나였다. 힘의 표상, 지존 표지 우라에우스 떠올릴 땐 깊으나 깊은 잠 속에 들어 징한 꿈을 꾸기도 한다. 칠흑 어둠은 때로 독이란 걸 속속들이 일깨우는 악몽인가, 악몽인가? 온몸에 푸른 핏줄 선명하게 도드라진, 코브라인지 인면수심人面獸心 파라오인지 분간할 수 없이 혀를 날름, 혀를 날름 유황불 뿜어내는 정체 모를 우라에우스 떠올릴 때

어둠은 헉! 독이란다.
몸서리, 몸서리치는.

■ 최수철 소설「독의 꽃」참고.

한낮의 수다

각질 속에 실눈 뜨는 연초록 눈엽嫩葉 너머
성마르게 마실 나온 그해 첫배 나비인가?
서툰 그 날갯짓으로 우주 한끝 접었다 편다.

나쁜 꿈 질경대는 맥獏이라든가, 들짐승 말고
해 그늘 한껏 실어 와 나무줄기 한 뼘 자란다.
으스스 오한 들 만큼 쏟아지는 새하얀 빛에.

휘파람, 긴긴 라단조의 휘파람 소릿결 따라
사금파리 쟁강쟁강 튀어 오르는 햇살 꽃밭
입안에 단침 고인다, 바람개비 내닫는 날!

르누아르 팔레트
- "나는 여자와 둔부와 유방이 아니었으면 결코 그림을 그리지 않았을 것이다."

한쪽 턱 찌그러진 그믐달 느적댄다. 빛을 푼 팔레트에 물과 불 원형질 녹아내리고, 풋풋한 관능 여수며* 푸성귀 화법畵法 춤을 춘다.

---

* '엿보며'의 전남 방언.

육탈肉脫 실루엣

암내 솰솰 먹구렁이 풀 자락 뒤집는 칠월
시잇시잇 단음들이 날카롭게 끊겨 나오고
죽은 듯 엎드려 있는 햇빛 또한 들끓는다.

나뭇가지 때린 바람 칼날처럼 허공 가르고
얇은 고무질 피막, 피막 울리는 그 소릿결
사는 일 거죽 한 꺼풀 벗겨내고, 벗겨낸다.

집채 온통 삼키는가, 서까래 밑 썰렁한 공허
낡고 낡은 벽지에서 시간의 찌끼 묻어난다.
아, 아직 살아 숨 쉰 채 육탈하는 몸짓으로.

아야진* 블루blue

까마득 경계선 너머 손 밖에 좌표를 찍고
흰 누엣결** 이고 와서 바위너설 업고 논다.
제 깜냥 궁리한 만큼
높낮이 파고波高 풀어놓고.

수평선 멀리 헤갈대는 갈매기 끼루룩 소리
무채색 캔버스 위에 개칠 거푸하는 짬에
방파제 머리 짓찧고 비명 지르는 늙은 파도.

천야만야 낭떠러지,
허방 깊은 저 무저갱 속
이름 모를 어패류가 금빛 인광燐光 쏘아대고
늠연한 바닷속 궁륭穹窿
이내 몸도 휘청! 한다.

* 강원도 고성군 토성면에 있는 포구.
** 드높은 파도 위에 생기는 거품.

견자見者의 입말

바람 둥둥 덩굴손이 공중제비 춤사위다.

둘러치나 메치나 마 그 나물에 그 밥이다*.

오가는 길섶에 멈칫 비럭질도 접고 싶다.

* 서상만 시 「동문서답」 변용.

넉살도 참,

모기 입도 비뚤어지는 처서 날 이슥한 밤에
비뚤어진 입부리 헐고 바라경을 외는 돌중.

줘봐라, 글쎄 줘봐라,

안 줘서 못 먹는 게지!

따지기 무렵의 시詩

#1
툰드라 꽁꽁 언 땅 얼부푼 그 살갗 위로
칼바람 빙점 뚫고 물오리나무* 실눈 뜬다.
곤잠 깬 얼음장 밑자리 간질이는 봄 혓바닥.

앞산 둔덕 게워 넘친 해토머리 천년 빛살
뒤꿈치 잡고 늘어지는 개흙 진흙 질척일 때
겨우내 숨죽인 산울림, 곰비임비 끌고 온다.

앞내 뒷내 실핏줄이 그예 툭툭 불거지고
딱지 앉은 생채기에 가려움증 도진 걸까.
웅크린 산그늘 접고 야마野馬, 야마 숨 고른다.

#2
쾅당, 쾅당 마치 소리 뿔 나팔을 부나 보다.
사그리 숙은 자리, 몹쓸 역병疫病 치댄 자리.
무수한 발싸심 끝에 앙감질하는 아침이다.

* 툰드라지대에 자생하는 나무.

무릎장단 치다 말다

너른 벌판 서쪽 가녘 붓질하는 붉은 낙조
옥수수 키 큰 그림자 이랑, 이랑 잠식하고
어스름 소리 소문 없이 빈 땅 배꼽 핥고 있다.

미구에 날은 접히고 어둠 갈피 팔깍지 낀다.
하늘 설핏 기우뚱하다 까무룩 지평선 넘고
저무는 계절의 잔해가 포도鋪道 위를 헤집는다.

굳기름도 흰자질도 하, 옹색한 그 이생 한때
무릎장단 치다 말다 늘옴치근 죄는 어름에
한 사내 썰렁한 뒷등을 푸른 불빛 난도질한다.

해리 벨라폰테*의 바다

바람은 변덕스럽고 방자한 망나니다.

그 낯짝 뵈지 않지만 도처에서 눈에 밟힌다. 변덕의 완충 지역 무풍지대 연출하고, 이따금 거기에선 회리바람 휘휘 돈다. 더러운 휴지 조각, 오물들이 불 맞은 짐승처럼 수직으로 치솟는다. 하늘 오른 휴지쪽은 갑자기 방향 잃고 망설이다, 망설이다 다시금 땅 위로 곤두박인다. 거대한 두 마리 해룡이 맞붙어 싸우는 걸까? 해리 벨라폰테의 자지러지는 소리, 소리 안고 나뒹구는 저 바다….

바람은 변덕스럽고 방자한 망나니, 망나니다.

---

* 미국 흑인 포크 가수. 〈바나나 보트 송〉 등을 불러 모던포크송의 일인자로 꼽힌다.

관성 법칙 2

 그 하나 풍경 너머로 낯선 두 개 풍경화라니.

 보이는 대로 보는 대신에 보고 싶은 대로 볼 수 있다. 보았던 것 안 볼 수 있고, 안 보았던 것 볼 수 있다. 거울 통해 거꾸로 볼 때처럼 같은 세계가 또 다른 세계로 나타난다. 지구는 영락없이 자전하고 있는 걸까? 물결 그리 높아질 땐 공기 수굿 얄아지고, 공기 그리 깊어질 땐 물결 수굿 낮아진다. 수정체는 만화경인가, 채색되어 움직인다. 그것은 편리하고 단세포적 색채였다. 각도를 달리하여 볼 때와는 또 다른 무엇이다. 허지만 어느 풍경화가 더 진실에 가까운지 글쎄, 말하기 옹색하다. 이쪽 수정체가 술에 젖어 있다면, 저쪽 것은 습관에 물들어 있으므로.

 풍경이 풍경을 낳는 낯선 두 개 풍경화라니….

 ■ 서정인 소설 「후송」 참고.

오야붕 & 꼬붕

섣달그믐 음산한 저녁, 거리엔 땅거미 얼씬댄다.

빗발 섞인 음울한 바닷바람 건물 모퉁이 휘감고 발 구른다, 발 구른다. 바람벽 움쩍 않는 세상 한 틈바구니 소화불량증 걸리지 않고 헤쳐 갈 수 있겠는가? 적당한 뻔뻔함도, 능글능글 무례함도, 때때로 무지함도 거느려야 산단 말이지. 서울 놈 못난 것은 시골 놈 X만도 못하다더니만, 서울 물 이십 년 남짓 마신 끝장이 그래 겨우 요거냐? 빌어먹을…. 오야붕親分 꼬붕子分 노릇도 그래 분수가 있어야지, 끌 끌 끌~. 싱겁고, 맺힌 데 없이 머쓱한 얼간이, 얼간이야.

에라이! 술살만 뒤룩뒤룩 전전반측輾轉反側 꼬라지라니.

어질머리, 어질머리로다

꽃눈망울 부풀린다
엄혹한 동토凍土에서.

  딱딱 감싼 겉껍질에 연한 속살 돋아 뵌다. 그 '겨울 속 봄 이야기' 실핏줄 간당간당 부푸는 거뭇빛 뒤꼍에서…. 아무리, 아무리 추워도 거문고 부숴 장작불 지피는 사람 곁에 설 순 없지. 생장작불 재 사이에서 가는눈 불꽃더러 '역사의식' 나불대나? 어질머리, 어질머리로다. 태어남도 죽음도 다 부질없는 일. 재가 된 어머니 유골 파도에 묻고, 허허바다 창문 열고 하염없이 바라본다.

끓길 듯 끓이지 않고
어라, 실눈 뜨는 꽃망울.

■ 윤후명 소설 「세 번의 행복」 참고.

2부

바다 자궁

금빛 고기 지느러민가, 바다가 퍼덕거린다.

쇳소리 빛살들이 회오리 몰고 오는 바다. 마녀처럼 요사하고 논다니처럼 음탕하다. 시푸른 물 빛깔의, 한없이 큰 입이며 끝없이 넓고 깊고 부드러운 자궁을 가진 바다. 저녁놀 탐욕스레 앙가슴에 끌어안고 눈먼 사내 조리질하듯, 조리질하듯 애무한다. 어느 땐가, 해거름엔 바람 샅 집적거리고 액취 쏼쏼 풍겨대는 갯비린내 머금은 바다. 바람이 불 때마다 파도는 모래밭이나 바위 허리 올라타고 몸부림치다 허물어지듯 쓰러진다. 바다는 거대하고 웅숭깊은 자궁이다. 섬은 또 그 속 깊이 뿌리 내린 남근이고…. 파도의 신음 소리 허무를 잉태한다.

별떨기 그 거품 위에 싸라기눈 흩뿌린다.

만연체 몸시詩

Ⅰ
굼뜨고 흐느적댄다, 몸이 당최 만연체*라.

굳기름도 흰자질**도 임계점 다다른 건가.

헤식은

나주볕 산마루

뉘엿뉘엿 톺아 간다.

Ⅱ
몸이 당최 만연체라, 만연체라 삐걱댄다.

단백질도 무기질도 변곡점 다다른 건가.

아뿔싸,

땅거미 凹凸 길

싸목싸목 톺아 간다.

---

*은 졸작 「슬픈 틀니」, **는 졸작 「무릎장단 치다 말다」 한 부분 재사용.

딸가닥, 딸각
− 생명은 죽기 위해 태어난 게 아니라, 살기 위해 태어난 존재다.

 그야말로 흘레바위는 남사스러운 모양새였다.

 아침이나 해거름 무렵 비낀 햇살 속에서 울퉁불퉁 몸뚱이에 적당한 밝기와 어둡기를 갖추게 되면, 바위는 살아 꿈틀거리는 생명체가 되기 십상이었다. 물에서 불끈 솟아오른 벌거숭이 거인이 그의 가랑이 사이에 꿇어 엎드린 벌거숭이 여자 등을 타고 있는 것 같았다. 잔물결 일렁거릴 땐 헌걸차고 난폭한 몸놀림으로 움직이는 것이었다. 음험한 그 바위는 밀물에 반나마 잠기었을 때 진기한 소릴 내곤 했다. 실버들 가지같이 휘어 깊어진 봄밤, 희뿌연 미나리 속으로 스며들어 가는 젊은 과수댁 베 짜는 소리처럼 가냘픈 딸가닥, 딸각 소리였다. 배를 깔고 자세히 살펴 들으면, 거인의 아랫배와 그 밑에 꿇어 엎드린 여자 엉덩이 깊은 홈 사이에 팔뚝만 한 숭어 크기 돌덩이 하나 끼어 있었다. 딸가닥, 딸각 하는 울림은 바로 너울

너울 물결이 춤출 때마다 숭어가 파닥거리는 소리였다. 흘레바위 위에 앉아 있던 새하얀 바닷새 한 마리, 명주실 부드러운 선을 긋고 날아갔다.

갈매기 날갯죽지도 빨간 노을 묻어 있었다.

■ 한승원 소설 「울려고 내가 왔던가」 참고.

달빛 탄주 2

먼 바다 맹수 파도
바위 허리 치받는다.

용솟음 물보라가 흩날렸다 스러진다. 달이 그리 밝은데도, 노가 물을 갈지자로 밀어낼 때마다 물 분자 형광들이 미리내 속 별 떼 구름星雲 일으키고, 일으키고…. 뱃머리 가르는 물살 달빛을 으깨고 있다. 검은 바위 모서리에 달빛 받은 잔물결이 은물마냥 덧칠하고, 덧칠하고

뱃머리
가르는 물살
달빛 느루 으깨고 있다.

■ 한승원 소설 「낙지 같은 여자」 참고.

황소 파도 1

처마 끝에 수정 뿔이 주렴珠簾, 주렴 돋아난다.
눈 쓴 지붕 타고 내린 수정 뿔 그 주렴 멀리
먼 바다 황소 파도가 숨은 여를 대거리한다.

흰 눈발 뒤잽이하다 솟아오른 햇살 사이
고추알 매운바람이 어금니 헉, 드러낸다.
모래톱 바위 기슭을 물고 뜯고 곤두박질….

으르렁 쿵, 난바다는 물보라 피워 올린다.
어둠 속엔 무슨 음모 진을 치고 있는 걸까?
암갈색 겨울 잔해가 사린 똬리 풀어낸다.

천형天刑의 고리

 오싹 소름 돋아난다. 온몸 그만 주뼛 든다.

 늑대나 개의 그것처럼 털끝 이내 치솟는다. 한 매듭, 한 매듭씩 얽히고설킨 팔고八苦를 또 맺고 푸는 걸까? 푸르른 음지식물 뿌리 그리 묻고 있는 화분 너덧 줄줄이 메줏덩이같이 묶인 채 천장에 매달려 있는 색색 노끈 보인다. 연필 굵기 색노끈이 줄느런히 걸려 있다. 중간중간 마름모꼴 매듭이며 자잘한 솔방울 모양새, 고둥 모양 매듭들이 떼를 이룬 채 자가웃 간격 배열되어 걸려 있다. 고苦를 푼다, 고를 푼다. 혼백에 거미줄처럼 걸쳐 있는 천형 같은 연결 고리…. 얼기설기 맺힌 고를 허위허위 풀어낸다.

 그 한낮 가을 햇살이 매듭 위를 뒹굴고 있다.

'억살대' 푸른 칼날

꽃보라 앳된 동살이
창문 뚫고 날아든다.

'억살대'는 '으악새'라 하기도 하고 '억새'라 일컫기도 한다. 옛날 옛적 어느 양갓집 규수를 짝사랑하다 죽은 무당 아들 넋이 현현한 풀이라는 것도. 바람 불면 서슬 푸른 잎사귀들이 서로 잡아먹을 듯 할퀴고 비비대면서 벼린 칼날 금속성 울음소리 내지르곤 한다. 봄부터 여름까지 풀은 내내 서슬 퍼렇게 벼르고 벼르다가 가을 무렵 할퀸 생채기 앉은 딱지 같은 자줏빛 수술을 단 눌눌한 이삭을 받아내고, 받아내고…. 얼마쯤 뒤 그 이삭 은빛으로 무르익어 겨울 찬바람에 넋을 또 벼리고 벼리는 것이다.

'억살대'
푸른 칼날이
바람 허리 자르고 있다.

■ 한승원 소설 「해변의 길손」 참고.

아침 바다 시편詩篇

 먹물 그리 핥는 건가, 어둠이 부연해진다.

 난바다 질러오는 파도 새하얗게 깨어지고, 은구슬 물고 자맥질하다 너나없이 깨어진다. 파도 조각 이랑마다 아침 햇살 되쏘고 있다. 호리병 밑바닥같이 넓고 둥근 모래밭에는 가끔씩 잔파도가 버나재비 재주넘고. 웅 웅 웅 파도 덩이 거친 바다 헤치고 오는 바람 둘러업고 자맥질한다, 자맥질한다. 썰물 져 밀려나간 바닷물은 아낙의 둔부처럼 도도록한 개펄밭 아래 깨끼춤을 쑤석거리고. 아침놀 머금은 바다는 저마다 제 자란 키만큼 높디높게 융기하는 파도를 껴안았다 촤르르 풀어준다.

 목울음 파도 소리가 왼고개를 틀다 만다.

눈물 바람, 울음 바람

그물이 삼천 코라도 벼리가 으뜸인디….

어벌쩡 엉너리 치고 언구럭도 요란했다. "마칼바람 손돌바람 고추알바람 속에서 김, 톳, 감태하며 굴, 꼬막, 바지락 뜯고 파낸다고 용써봤자 도로 아미타불, 도로 아미타불…. 못나고 바보 같은 놈은 못나고 바보 같은 꼴로 저 벌어먹고 살아야 쓴다고 다들 그래쌉디다." 애달아 빠지는 소리 뱉어내고 뱉어냈다. 구정물 흐르는 잠방이 입은 채 허리뼈 휘고 손톱 닳고 손가락 뻐드러지도록 소같이, 말같이 갯일 물일 논일 밭일 도맡아 했다.

바람에 목울음 섞여 물 괸 눈에 구름장이 어릿댔다.

■ 한승원 소설 「해변의 길손」 참고.

컴포지션 1

돌부처 눈물 빼는 높새바람, 고추알바람
독바늘 쑤시는 드키 시리고 아린 바람
희끗한 성에가 엉켜 칼날처럼 햇살 쏟다.

미친 여자 부전같이 주렁주렁 매달린 잎새
늦게 오는 끝물 추위, 돌부처 눈물도 빼고
그놈의 우렁잇속은 먹물 삼킨 진구렁인가?

컴포지션 2

푸른 옷깃 두른 새벽 바야흐로 허물 벗고
동녘 멧부리 위로 치잣빛 햇살 기어온다.
풋풋한 한살이인가, 물안개가 머리 푼다.

억새풀 속새풀 따윈 겨운 팔 휘저어 대고
엉겅퀴 성근 잎사귀 지친 기색 완연하다.
잉잉잉 꿀벌 두어 마리 늦부지런 떨다 말다.

옥판선지 먹어가는 묽고 묽은 수묵이 지고,
텅 빈 하늘 가녘으로 선염법渲染法 번져난다.
오뉴월 적막강산이 이내[嵐氣] 속에 잠긴다.

반 박자 너름새

 반 박자 품새로다, 엿장수 발걸음은.

 짤깍짤깍 가위 소리 반의반 박자 밟는다. 반 박자 두어 번 반복하여 치다가 갑자기 반의반 박자 못갖춘마디 섞어 치는 솜씨라니…. 탁배기 한잔 걸치고 나자 헉, 이 세상 돈짝만 하다. 딱 짜인 규격품마냥 평탄한 가락보다 반의반 박자 가위 소리 기우뚱, 기우뚱거리다 반 박자 못갖춘마디만큼 못 갖춘 채 살아가는 나날…. 반의반 박자 걸음새에 구름도 얼쑤절쑤 어깨 푸는 품새라는 걸 일러주는 저잣거리

 히리링 소리가 난다, 엿장수 그 발림에서.

장구럭, 빈 구럭

이 사람아. 장사, 장사. 말도 말게, 말도 말아.

 따라다녀 보면 알제. 피똥을 수백 번 싸고, 갯물을 수천 모금 수만 모금 들이켜고…. 호랑이보다 무섭다는 구시월 그 돌풍 속에서 아흐! 간이 닳아지고 또 닳아져서 새끼 고둥만큼 해지고, 안개 속에서 무두질하듯 헛배질하고 또 하고 괜히 복쟁이 헛배만 불러가지고, 이리 떠돌고 저리 떠돌다가 밑천만 북어 껍질 오그라지듯 다 날리고…. 미치고 환장하기 수백 번에 수백 번을 더해야만 길이 조금 트이네, 길이 쬐끔 트이나 싶네. 재수 없는 놈 그물에는 꼴뚜기나 알 없는 성게 새끼만 들고, 만나도 오뉴월 바지락 풍년만 만나고.

 그러다 열물이 넘은 중선배 타는 신세 되고.

■ 한승원 소설 「해변의 길손」 참고.

풀밭 위의 격정

  강아지풀 드문드문 야생 잔디 베고 눕다.

  한 줄기 눅은 햇빛 나뭇잎 사이 침투해 여인 가슴 위를 기어다닌다. 반나마 열린 가슴께로 헐떡헐떡 기어드는 사내. 새가슴 여인 속살 탐하고, 느루 탐하고. 난폭한 도망자 되어 여인 옷깃 밀어 올린다. 안전한 숲은 없는 건가? 가녀린 잔디 풀도 두루뭉술 보료 펴고, 어린애처럼 놀란 여인 화들짝 몸을 비튼다. 두 뼘 남짓 바른쪽으로 이내 옮겨 눕고 싸움터로, 아니면 포획물 저장고로 가는 개미 대열 끊어놓는다. 강아지풀, 잔디 사이에서 숱한 개미 전사할 때 여인은 두 눈 질끈 감고 입술 부르르 떤다. 얇은 옷 속에 감춘 쾌락의 작은 도구들. 격정의 순간, 이녁도 모르는 사이 손을 움켜 야생 잔디 뜯는다.

  아뿔싸, 관능의 해거름 붉은 숨을 토한다.

해안선 오후

흠집 없는 해돋이 조개
꼬리 긴
족문足紋을 찍고
바다반디 반짝이는
모래펄 위로 내려선다.
이윽고
공동묘지의
긴긴 침묵 멈칫댄다.

물밀었던 뜨내기들
두고 떠난 끝물 바다,
물봉우리 타는 배가
높게 떴다 쉬 가라앉고
아주 큰
바오밥나무
그림자만 외오 남는다.

욱신욱신

상아질·법랑질 속에

숨어들어 날뛰는 통증

하루 다르게 죄어든다,

귀도 머리도 잠식한다.

캄캄한 고문실 바닥

재갈 물린 아픔이라니….

도도새에 관한 간추린 보고

오리걸음 뒤뚱뒤뚱 몸 가누기 힘든 도도dodo.
인도양 모리셔스섬에 활개 쳤던 새가 있어.
청회색 날 선 깃털을 하, 높디높게 치세웠던.

'바보 새' 꼬리 붙은 도도는 제 무덤 제가 팠대. 작고 쓸모없는 날개, 노란색 억센 다리가 사달이었대. 도도하게 섬을 휘젓고, 날지 않아도 그다지 걱정 없이 섬 휘젓고 다녔는데 말씀이야. 지나새나 세월 좋게 먹보 성미 못 버리고 식식대는 식충이라. 아무 때나, 아무 데나, 아무렇게나, 아무 탈 없이 헤갈대고 무소불위 지존자의 배불뚝이 허우대 좋은 식충이라 날개 점점 퇴화했대. 머나먼 스와니강인가, 비행 능력 죄 잃은 거지. 허허루, 허허루야*…. 끝내는 날 수 없는 게름뱅이 너름새로 모조리 씨가 말랐대.

꼴까닥 숨을 거둘 땐 섬이 그만 쩌렁! 했대.

* 필자가 고안해 낸 허사. 탄식할 때나 애통할 때 저절로 터져 나오는 한숨 소리.

시시껄렁한 삽화

어둑발이 웅성댄다,
묽은 먹물 풀어놓고.

 별똥별 시퍼렇게 눈 부릅뜬 궁륭 멀리 화선지 좀먹어 가는 묽디묽은 수묵처럼 어둠은 텅 빈 들녘 야금야금 먹어든다. 밀물 와락 밀려드는 모래밭길, 그 길을 야수野獸 그림자가 휘파람 불며 어슬렁거린다. 옅은 해무海霧 든바다를 산그늘이 잠식해 가고, 바위에 머리 짓찧고 깨지는 물결 끝에서 조각달 부서진다. 어휴, 저리 시시껄렁한…. '상피相避'라는 말 떠오른다. 사금파리 조각 밟은 듯 섬뜩 세상 온통 '상피' 그림자. 일가붙이 남녀 서로 교접하는 '상피'라니…. 태양의 흑점黑點인가. 바다 삼킨 의뭉한 산 그림자가, 휘파람 휘휘 부는 야수 그림자가 뒤죽박죽 물리고 물린 부패 지옥·부패 공화국 '상피 스캔들' 몰고 온다.

돌부처 눈물 쏙 빼는
상피 나라 변죽에서.

컴포지션 8

오십억 광년 저쪽에 떠돈다는 머리카락좌

숨 막히는 도시 하늘, 잿빛 겨운 그 하늘이

숨탄것 조금씩 불러와 뒷걸음쳐 가는 걸까.

작아서 또 들까부르는 들창코 저 꼬리별이

용써도, 용을 써도 뭉치지 못한 모래톱에

한 사흘 말갈기 날리다 유목민 깃발 꽂는다.

억새풀, 속새풀

초벌 해가 경련한다, 무당거미 덫에 걸려

돋을볕 아침 하늘 물빛 에나멜을 붓 자국 하나 없이 칠해놓은 듯 해맑게 다가온다. 형광 불빛 묻은 거품 바닷물이 게워놓은 터수인가. 장어구름 몇 가닥이 멀리 들판 너머에서 고개 쳐든 산머리에 얼씬거린다. 억새풀 속새풀이 먼산바라기 목을 빼고, 꿀벌 두엇 저공비행 늦부지런 떨다 간다. 학문學問은 항문肛門일 뿐, 밴대질이고 계간鷄姦이다. 허허루, 허허루야…. 뇌에 털 난 그네들이 느닷없이 수런거린다. 얼키설키 꼬리에 꼬리를 무는 돈내銅臭 풀풀 '대장동 게이트'에 반도 땅 소름 돋고 초벌 해가 경련한다, 무당거미 덫에 걸려.

그놈의 천벌도 이제 동나버린 모양인가?

3부

랍비*에게

천 년 묵은 이무기가 게워내는 입김인가.
안개 묻은 가을 산이 윤곽선 긋고 있다.
흑역사 사람멀미에 파르라니 주눅 든 날에.

입술 비록 투박해도 참 진眞만을 외친 자리
들깨방정 참깨방정, 방정 거푸 떨다 말고
입천장 늘옴치근을 연신 죄는 얼쭝이라니.

마라나타, 마라나타, 발 동동 손뼉을 친다.
이른 비 늦은 비로 마른 목 축이는 랍비여,
흐노니 흙은 흙으로, 돌려주는 랍비시여.

* 유대교에서 율법학자, 또는 사부를 부르는 존칭어.

뜬금없는 실루엣
− 살바도르 달리의 붓질

*

어둑발 하늘 저쪽
깎아지른 낭떠러지네.

'다가오는 밤 그림자'* 창백한 고요 물고
무언지 발목 붙잡는,
오싹! 소름 춤을 추네.

**

'임신한 여성이 된
나폴레옹의 코, 독특한…'**

원근법 극사실화 손짓하는 몽환 화폭
촘촘한 붓질이 일군
세상 너머 세상이네.

***

게워 넘친 색채 언어로 드러낸 자궁 속 요람
캔버스엔 흐늘거리는 오브제가 녹아내리고

투우사 작살이던가,
금기禁忌 벽을 허무는.

* 살바도르 달리 그림에 나타나는 '무의식의 세계'. 지크문트 프로이트의 정신분석학에 기초한, 어딘지 불안해 보이는 정신 상태를 표상한 그림 〈다가오는 밤의 그림자〉 같은 작품에 잘 나타나 있다.
** 1945년 제작된 달리의 그림. 정식 명칭은 〈임신한 여성이 된 나폴레옹의 코, 독특한 폐허에서 멜랑콜리한 분위기 속 그의 그림자를 따라 걷다〉.

떠도는, 새

1
자갈밭
발칵 뒤집는다,
들개 떼 몰고 온 파도.
허연 이빨 드러내고
난바다
물고 뜯는다.
물보라
점점이 갈려
외딴섬을 패대기친다.

2
제 갈 길 찾지 못하고
중음신中陰身
떠도는 새.
묽어질 줄 좀체 모르고

눈앞에
어른대는 어둠,
끝 모를
무간지옥을
헐떡헐떡… 버둥댄다.

황소 파도 2

음탕하고 요사스런 마녀였다, 그 바다는.

까무잡잡 물빛을 문 한없이 크나큰 입에 끝없이 넓고, 깊고, 부드러운 자궁 지닌 바다. 탐욕의 화신化身인가, 뭇별들 품에 안고 쌀 일듯 애무하고 있다. 거무스레한 해무海霧를 베일처럼 둘러쓴 채 머리카락 산발한 밤바다가 찰싹거린다. 어쩌면 별떨기 핥고 빨고 입맛 다시는 소리…. 무수한 별떨기가 바스러지는 물결 위에서. 바닷물 어둠을 물고 희끄무레한 형광 불빛 거품을 뱉어낸다. 별떨기 그 거품 위에 싸락눈 가루처럼 포개진다. 먼 바다 쓸고 오는 황소 파도 모래톱 기슭 바위들을 들이받고, 치받고 곤두박질한다. 산그늘 너울 바다를 야금야금 파먹는다.

바다가 머리 찧으며 홍소천심哄笑天心 깔깔댄다.

곰살가운 언동

잿빛 이내[嵐氣] 속에 도시가 눌려 있다.

잘 가는 걸음은 영 자국을 남기지 않고, 잘 하는 말은 끝내 허물이 없고, 잘 하는 셈에는 당최 산가지 쓰지 않는다. 잘 잠그는 사람은 문빗장 없이도 열지 못하게 하고, 잘 묶는 사람은 밧줄 없이도 풀지 못하게 한다고 노자老子가 말했겠다.

늦가을 해거름 뉘엿뉘엿, 각시거미줄에 걸려 떤다.

장어구름 일가―家

물빛 에나멜 바른 이른 동살 하늘 저쪽
어둠은 선지宣紙에 번진 묽은 수묵 바다 먹고
소금기 머금은 마파람이 눈치 없이 치근댄다.

바야흐로 바다 표면은 금빛 비늘 퍼덕인다.
불 맞은 듯 살 맞은 듯 온몸 비튼 바닷자락
쇳소리 지르다 지쳐 자맥질을 거푸한다.

외튼 몸 거대 용인가, 암갈색 각린角鱗 드러낸 곳
수차례 목청 다듬는 산울림을 되울린다.
밀썰물 번갈아 살 섞는 물목 저리 펼쳐놓고.

거무죽죽 된장색 띤 장어구름 일가붙이
텅 빈 수평선 너머 똬리 틀다 숨은 뒤끝
때 묻은 그 동전 해가 바다 끝을 튕긴다.

푸른 전율

묵은 입성 벗겨내는 살무사 그 눈빛이다.
뒷산 숲속 기웃대는 어둠 뒤켠 고요 말고
억새풀 술렁거리다 울부짖는다, 쇳소리로.

묵정밭 에워싼 숲 모닥불 춤사위 따라
벌린 입 말미잘같이 움츠리는 거웃일까?
하늘엔 망초꽃 무리, 뭇별들이 송알댄다.

턱 우그러진 으스름달 나무 사이 고개 디밀고
제멋대로 먹물 번진 흐릿한 수묵의 바닷가
갯바위 물고 뜯는다, 으르렁대는 성난 파도.

앙가슴에 얼음 조각 쏟아붓는 그 어름에
몇 차례나 헛목 그리 다듬고, 다듬고 나서
헛헛한 등줄기 위로 푸른 전율 멈칫댄다.

꿉꿉한 날의 삽화

온몸에 부숭부숭 털 돋은 야수인갑다.
별똥별 허공 멀리 포물선을 긋다 말고
떠도는 악귀들에게 물에 밥을 퍼주는 날.

먹빛 우단 한 자락에 반짝 무늬 박은 젠가?
바지런한 맏며느리 개밥 푸다 만난 초승달,
하늘이 낮게 내려와 꿉꿉한 뒷등 매만진다.

휑하게 빈 뒷골목에 수은등 홀로 번을 서고
죽어 흙밥 된 그 이름 슴슴하게 떠올릴 때
목울음 섞인 신음 소리, 언구럭을 떠는 걸까.

가슴골이 섬뜩하다, 사금파리 조각 밟은 듯
돌부처 눈물을 빼는 늦추위 등쌀도 접고
푸르른 물빛 새벽이 하늘하늘 속옷 벗는다.

멧부리 구름장 사이 치잣빛 동살 깨난다.
꽃보라 부신 햇살 유리창 뚫고 날아들고
디케의 칼끝을 쥐고 몸을 푸는 이 아침.

히이요오, 호랑지빠귀

이 산 저 산 목청 돋우는
히이요오… 호랑지빠귀.

창틀 너머 치마폭 펄럭 용쓰는 바람 따라 날아든 투명 빛살 살갗 살살 관통한다, 정수리에 못 박는다. 등줄기며 앙가슴에 찬물 와락 끼얹는가. 오싹 소름 끼치고, 식은땀 범벅이다. 히이요오 호랑지빠귀 귀신 부르는 울음소리 거푸거푸 내지르고, 사람들 사이에서 무슨 소린가 귀 세우면 우 우 우 앓는 신음 같기도 하고, 이를 가는 소리 같기도 하고, 으흐흐 부르르 떨면서 우는 소리 같기도 하다. 호랑이, 호랑이 같은 호랑지빠귀 숨소리….

산 너머 쑥부쟁이별이 빛을 이냥 뱉어낼 때.

멈칫대는 안개비

불평스레 모로 눕는다, 구겨진 종이컵이.
차갑고 껄끄러운 그 이질감도 소외감도
오관을 훑어 내린다, 머릿속 마구 들쑤신다.

얼음물 전율 덩이 등줄기에 흘러내리고
독 묻은 화살촉이 정수리에 꽂힌 걸까?
웅크린 고슴돛인 양 성난 털이 곤추선다.

비껴 흐른 어둑발 자국 수묵으로 흐려진다.
검버섯 저승꽃이 밀치락달치락 기웃거리고
누가 또 저녁 안친 건지 냇기[嵐]가 자욱하다.

불, 소용돌이

불어 날린 벚꽃인가, 수천수만 비둘기 떼.
여린 바람 통통대며 되쏘는 빛살을 물고
석비레 공터 너머로 피웅, 피웅 날아간다.

섶 지고 불구덩이 투신하는 몸짓 하나
거대한 원시 동물 비늘처럼 번쩍거린다.
휘도는 숲 저편으로, 우중충한 대기 속으로.

난데없이 겨드랑이에 새 날개 돋아나고
언월도에 삼지창 들고 춤추는 망나니로
새파란 칼날 섬광이 가슴께를 겨냥한다.

땅을 쪼개고 하늘 가른 귀 먹먹 천둥 벼락
어헉, 어헉 숨넘어가는 단속음이 요동친다.
이 도시 무너뜨릴 텐가, 검은 바람 윽박지른다.

불을, 불을 저작咀嚼하는 빛살들 그악하다.
검은 발簾 너울너울 깨끼춤 춤사위 너머
으흐흐… 호랑지빠귀 울음소리 심란하다.

어둠 속에 맞닥뜨린 바구니만 한 불덩이.
눈알 속에, 살갗 속에 꿈틀대는 그 불덩이.
말갈기 길게 늘어뜨린 미친바람 그 불덩이.

황소 파도 3

뿔 세운 황소 떼 파도, 우 우 우 발 구른다.

선창머리 목줄 팽팽 물결들이 으등가리* 햇살 쏘아 날린다. 솔숲 사이 갯바람 퍼 나르는 바다에는 구정물이 부옇게 뒤집혀 있다. 뿔로 고대 치받으려는 듯 성난 황소 떼 물결이 모래톱에서 그악스레, 그악스레 재주넘기 거푸하고 선불 맞은 짐승처럼 샛바람 솔숲 사이 머리 풀고 달려든다.

핫바지 대무른 사람 깔축없이 겁박한다.

* 깨진 질그릇 조각을 의미하는 전라도 탯말.

그 바다, 음험한 모의

하얀 손 흔들어댄다, 물마루 위 백양나무
간밤 내내 모래톱이나 산부리 갯바위 너머
그 무슨 흉계 궁리에 바다는 또 용틀임하나.

물 괸 눈에 하늘 구름 굴절되고, 역린한다.
비릿하고 짭조름한 미역 바람 곤두박이고
저 바다 음험한 모의, 목이 밭아 절규한다.

썰물 진 갯벌밭에 입 못 다문 바닷가재
소라 껍질 각질같이, 환형동물 빨판같이
목줄을 곤추세운 채 떼거리로 궐기한다.

억장 무너지는 소리

어벌쩡 엉너리 치고 언구럭 떨어댄다.

 웬 놈의 아닌 밤중 홍두깨가 야단법석인가? 아이고 저 능글능글 끈덕진 사람 아주 넌덜머리 나고, 넉살스럽고, 뻔뻔스럽고, 치근치근하고…. 죽어 흙밥 되지 않고, 사사건건 누군가 깎아 먹고, 잘라 먹고, 파먹고, 뒤져 먹고, 지져 먹고, 구워 먹고, 삶아 먹고, 무슨 놈의 허탕 짓거린가. 눈물 바람 울음 바람 팔도 오사리잡놈. 남자 새끼는 삼 부리 조심해야 쓰는 법이여. 삼 부리가 뭔지 알기나 알간? 혓부리, 발부리, 좆부리란다 이 얼간아. 에잇 이 쓰팔 것. 억장 막히고 기절초풍할 것 같은 이런 날엔 니캉 내캉 맞장 뜨는 양패구상兩敗俱傷이지. 서로 엉켜 싸우다가 양쪽이 다 상처 입고 패하고 마는 양패구상 아니라 손바닥으로 하늘 가리는 이장폐천以掌蔽天이고말고. 삐죽하면 빼죽하고 빼죽하면 삐죽하는 심술 많은 뺑덕어미, 놀부

사촌 형용이라 보이지 않는 힘 너울이 몸뚱이 겯고
틀 때

  너덜겅 늙다리 해가 진홍색 홍시였다.

마녀의 춤

 소금기 눅진한 바람, 파도 멱살 드잡이하고
 모래톱 베고 재주넘는 물 파랑 저 하얀 포말
 으히히 야생마 울음에 해안선도 목을 놓는다.

 고개 길게 빼 늘이고 밭은기침 삼키는가.
 바닷물 검푸르고, 바다는 쌀을 일 때 조리 품에 안은 별들을 널뛰듯이 춤추게 한다. 바다는 거대한 마녀, 별들은 논다니 마녀 품속에서 놀아나는 수컷이다. 벌거벗은 채 가로누운 논다니, 이 별 저 별 만지고 빨고 쩝쩝 입맛 다시면서 능글능신 요리한다. 선창 밖 헐떡이는 마녀의 거친 숨결 소금기 눅진한 바람 타고 날아온다. 바다 건너 질러오는 미역 냄새 솔기 따라 깨끼춤 거드름춤 보릿대 막춤 휘도는 논다니 바다 마녀 춤사위라, 춤사위라. 얼렐레…. 휘모리 장단 몰고 오는 논다니 마녀 언앙굴신 춤사위라, 궁둥춤 도리깨춤 난바다가 들썩이고
 그 참에 엉너리 치는 한 떼 장풍掌風 몰아친다.

곁불

산천어 열목어가
혼인색을 띠고 있다.
등 비늘도 뱃구레도
꽃물 치장 한창이고
세상에,
무주공산이
곁불 쪼일 낌새로다.

콧구멍이 둘이라서

깊은 잠 깊은 늪은 죽음 같은 적요라지.
바야흐로 밤바다와 별의 흘레 눈부시다.
수묵색 물속에 빠져 가시버시 일렁이고.

 말 푸진 사람일랑 믿지를 말라 했지.
 그놈 그 뱃구레엔 헛바람만 잔뜩 들어 말이 그리 푸진 게야. 말 푸진 남자 팔자, 정조 헤픈 여자 팔자 오십보백보라 했지. 말하자면 물고자여. 요즘 말로 읊조리면 무정자증 환자라고. 질펀한 농탕 짓거리는 거침없는데 말씀이야, 정액 속에 정자가 없는 거라. 나설 때인지, 안 나설 때인지 막무가내, 막무가내라. '개딸' 몰고 다니는 국개의원, '검수완박' 사발통문 입이 째진 떨거지는 저리 가라, 저리 가라지. 꼴뚜기 용두질 쳐댄 것 다 용서해 주고 조용히 넘어가려고 했는데…. 아, 글쎄. 깊은 잠 깊은 늪은 죽음 같은 적요라지.
 아이고, 콧구녕이 둘이라서 헐떡헐떡 숨 쉬겠네.

편전便殿의 밤

말로 싸우다 끝내 말로 무너지고 무너질 나라.

'문장으로 발신發身한 대신들의 말은 기름진 뱀과 같았고, 흐린 날의 산맥과 같았다. 말로써 말을 건드리면 말은 대가리부터 꼬리까지 빠르게 꿈틀거리며 새로운 대열을 갖추었고, 똬리 틈새로 대가리를 치켜들어 혀를 내밀었다. 혀들은 맹렬한 불꽃으로 편전의 밤을 밝혔다. 묘당廟堂에 쌓인 말들은 대가리와 꼬리를 서로 엇물면서 떼뱀으로 뒤엉켰고, 보이지 않는 산맥으로 치솟아 시야를 가로막고 출렁거렸다.'* 수많은 눈과 입이 권력자 주변을 에워싸고 물어뜯을 거리를 노리는 말 많은 사회…. 엇갈린 진영 논리로 시시비비 볼썽사납게 물고 뜯고 지글지글 들끓는다.

끝없는 트집 잡기에 혀뿌리가 다 뽑힐 지경이다.

* 김훈 소설 「남한산성」 인용.
■ 조선일보 2022년 8월 20일자 윤석민의 「朝鮮칼럼」 참고.

삼태성 하늘

턱 찌그러져 야윈 낮달, 두루춘풍 몸 낮추고

찐득찐득 내린 어둑발 갯내 그리 물고 온다.

늦은 봄 뱀 혓바닥 날름, 느자구*가 똬리 튼다.

입에는 항상 부아가 끓나? 삐죽 내민 되새 부리

남의 설움 열을 보태도 내 설움 하나만 할까.

삼태성 하늘 복판인데, 여직 난 어둠에 둘려.

* '싹수'의 전라도 방언.

하오의 솔숲

돈짝만큼 쪽빛 하늘 어중간히 펼쳐 있다.

마른 풀 칼칼한 냄새 코에 훅 끼쳐온다. 솔숲 사이 흘러든 햇살 아래 파르께한 쑥부쟁이꽃 나요, 나요, 손뼉 친다. 꽃 시울 다 닳도록 느자구없이 손뼉 친다. 꼬리 치켜든 채 맹감나무 숲에서 팔짝팔짝 뜀박질하던 무덤새 한 마리 도토리나무 숲으로 옮겨 앉았다가 이내 등성이 저편으로 수평 이동 자재롭다. 무덤새 날갯짓이 출렁출렁 난봉꾼 깨끼춤 끌어낸다. 그때 마침 산등성이 숲속에서 깍깍 소리 목청 돋운다. 솔수평이 그늘 속에 몸을 납작 움츠릴 즘 솔숲 사이 열린 하늘이 화들짝 경기驚氣 그리 한다.

온 숲을 까릉까릉 울리는 기생오라비 까치라니.

4부

밤바다 판타지

바야흐로 높바람이 한결 더 포악해졌나?
갯바위며 뱃전이며 뺨을 두어 대 갈기고
새까만 어둠 속에서 질주 본능 떼거리로.

자발없이 까불대고, 두루춘풍 너털거리고
이쪽에다 다리 놓고, 저쪽에다 샛길 트고
때로는 애면글면하다 비비대고 허우적이고.

파도는 앙칼스런 저 승냥이 떼 몸짓이다.
살도 뼈도 물다 뜯다, 밤새도록 으르렁대고
높바람, 증상맞은 바람, 패악 그리 떨어댄다.

산도 절도 들었다 놓는

 산등성이 휘어갔다. 신명 난 풍물 가락.

 꽹과리잡이 솜씨는 그것을 치기로 이골 난 듯, 정직하게 기본형만 치는 게 아니라 이런 잔가락 저런 잔가락 구성지게 먹여가면서 자잘한 변주를 도모했다. 잔가락 넣는 데도, 어쩌면 박자가 어긋나지 않는가 싶도록 반의반 박자쯤 일부러 느지막하게 들어가거나 빠르게 시작하여 은근슬쩍 꿰맞추어 내는 아슬아슬한 굿물 솜씨를 가끔씩 부리곤 했다. 일채굿, 이채굿, 긴삼채굿, 자진삼채굿, 덩덕궁이, 긴길군악칠채, 자진길군악칠채 따위를 차례로 아기자기하게 매겨나갔다. 긴삼채굿 엮을 때는 기본형인 첫 장단을 세게 치고 잔가락 넣는 나중 장단을 간드러질 만큼 여리게 치곤 하는 솜씨라니…. 때로는 넉살 부리고 너스레 떨면서 으스스 보는 이 애간장 죄 녹게 하였다.

 잡죄고 푸는 솜씨가 산도 절도 들었다 놓았다.

■ 한승원 소설 「해일」 참고.

수련, 팜 파탈

꽃들이 달거리하나? 땅바닥에 흥건한 저 선지!

스무남은 수련 줄기 자주 꽃대 뿜어낸다. 비단잉어 유영하는 열다섯 평 남짓 그 연꽃밭 요凹 자 형국인데, 오목·볼록 모서리각 그예 그리 뭉개버린 요 자 형국인데…. 둥그렇게 테를 두른 꼬리며 뭉툭한 주둥이가 거대한 환형동물이나 자궁 형국이다. 연못 동쪽 가장자린 오석 깎아 유별난 곳. 개구쟁이 신명 푸는 유별난 자리였다. 가랑이 쩍 벌리고 갈겨대는 분수대 수면 위로 잔주름 물파랑 거푸 인다. 오줌발 줄기 따라 물속에 빠져 있는 하늘 구름 산 나무 탑 꽃 그림자도 덩달아 신명 겨워 깨끼춤 추고, 난봉꾼 깨끼춤 추고, 주황색 루주 바른 밤의 여인 입술 말고

꽃들이 달거리하나? 땅바닥에 흥건한 저 선지!

■ 한승원 소설 「잠수거미」 참고.

옴스라니*, 슬픈 서사敍事

모래톱 갯바위 너설 두들겨 패는 저 파도,
한껏 위세 부리다가 줄행랑치는 집채 파도
땅재주 한번 못 부리고 되돌이표 거푸 찍는.

숯검정 물들어 있다. 부엉이 울음소리에.
그즈음 해조음 속 음습한 점묘화 찍어놓고
부리며 날 선 발톱이 비수 끝인가, 섬뜩하다.

묽은 수묵 번진 하늘, 바야흐로 미명에 잠기고
재바르게, 세상 한때 하~ 재바르게 돌고 돈다.
실로폰 낮은 소리로 안개 빗방울 흩뿌릴 즘.

허겁지겁 먼 바다 물목 밀려오는 검푸른 파랑
둥근 원융圓融 걸음새로 길항하듯 물밀어 오고
텅 비어 헛헛한 해역, 무슨 말로 손짓할까?

* '에누리 없이'의 전남 방언.

예각의 시

*

스페인 그 싸움소
뿔 같은 초승달이
산허리 붙잡다가 시나브로 놓쳐버리고
도채비 헛바람 들었나,
그예 그만 삐걱댄다.

**

뼈를 에는 자지고뷤이*
헛목 한껏 다듬다 말고
변강쇠 사촌 살바람이
나뭇가지 희롱할 때
농현弄絃을
타박만 할까
그예 그만 무르춤한다.

* 남자 생식기가 얼어붙어 버릴 정도의 추위.

그날 그 모데라토

이에 저에 누비질하다 느지막이 돌아온 바람
치잣빛 햇살 움킨 휘파람새 목청 돋우고
손 사려 읍揖이나 하듯 추스른다, 속내평을.

흘레붙은 짐승같이 앓아대는 저 해조음
허공에 매달려 있는 수정 주름 자락 속에
질량도, 강도도 없는 하늘 소리 재고 있다.

반투명 구슬을 엮는 거대한 발簾이던가?
땅바닥 그리 닿도록 휘어 내린 빗줄기 말고
도둑게 엄지발가락이 튕겨낸다, 아침놀을.

쥐라기 성난 파도

\#

썰린 파도 쓸고 간 모래톱 해종일 능놀다가, 물떼새 어린 새우 입맛 다시며 해종일 능놀다가 한순간 미친 돌풍에 익룡 같은 먹구름이….

\##

중생대 거대한 새가 장천長天 훨훨 날아온 걸까? 개오지 모래 둔덕 죽자 사자 물고 뜯다 썰물 진 개펄밭 위를 날 잡아라, 줄행랑친다.

판도라 바다 1

골부림 났나 보다. 모래톱 죄 뭉개버리고
난바다 질러서 오는 가로줄무늬 거센 파도
은백색 물방울 굴려 차르르 구슬치기한다.

간지럼 태우는 걸까? 온몸에 전율이 인다.
한 소녀 책갈피 속에 끼워 넣은 네 잎 바다, 네잎클로버 푸른 바다
상상도 할 수 없도록 의뭉하고 능청스럽다.

바람에도 결이 있다, 자잘한 이랑이 있다.
머리끝 치받으며 제 성깔 다잡지 못하고
이따금 하얀 누엣결, 시름겨워 스러진다.

날치 떼, 돌고래 떼 깨춤 추는 격랑 속에
물갈기 곤추세우고 와 와 와 물밀어 온다.
아서라, 공중제비 물새, 세상 한껏 휘젓는다.

판도라 바다 2

관음의 손길로 오는 연꽃 바다 물목인가.
어찌 보면 밤안개는 살아 있는 물뭍동물!
기역 자 왜낫 날 같은 갈고리달 해역에서.

소문은 손발 없고, 눈 코 머리 정녕 없고
범님도 겁을 먹는 구시월 도지*를 지나
그 정월 높새바람에 산파래 훅! 떨듯 한다.

먹물 풀어 휘젓고 오나, 어둠의 깊은 미혹
울툭불툭 융기하며 재주넘는 저 바다 멀리
목 밭은 소리로 우는 해조음 모로 눕는다.

* 돌풍.

판도라 바다 3

#

무슨 물색 암팡지게 밀고 오는 너름새인가? 마녀 혀 입놀림 같은 잔물결 모래톱 핥고 건트림 찔찌시미*도 게워내는 그날 그 바다.

##

모래 둔덕 간질이는
오두방정 잔물결이

해무 깔린 해안선 한쪽
단잠 숲을 깨워놓고

시치미
뚝 뗀 얼굴로
자갈밭에 머리 빈다.

###

올라탄 풀잎 이슬, 햇살 그리 꿰어 차고

어둠에 묻힌 갯가 마을 더듬고 쓰다듬고

바다는 섬을 끌안고 음담패설 하다, 말다.

* '기어이'의 전남 방언.

판도라 바다 4

 온몸 뒤척, 뒤척이며 수런대는 밤바다 너설

 썰물로 말미암아 개펄밭은 어둠 속에서 거멓게 맨살 드러낸 채 소리 지르고 있다. 수천수만 구멍 열고 머금었던 분비물 토해내는 개펄밭…. 토해낸 그것들은 한순간 먹물 같은 어둠 속을 헤집고 다니면서 먹이를 찾기도 하고, 알을 슬기도 했다. 끼리끼리 짝짓기하느라고 점액질 끈적끈적 땀 흘리며 아우성치기도 했다. 그리하여 개펄밭은 음험한 어둠 속에 잠기면서 거대한 괴물의 자궁이 되어 있었고, 그 가장자리 돋아난 해조류 같은 털들은 말미잘 더듬이 손이나 식욕 왕성한 육식동물 내장에 붙은 융털처럼 움직이고 있었다. 한 여자의 뜨거운 꽃살이 남성 안고 몸서리치듯 꿈틀거리는 것 같았다.

 궁문宮門에 불이 일도록 방중술 못 재우고.

■ 한승원 소설 「해일」 참고.

상소리 버전

에구머니, 변강쇠 녀석 '거시기치레'깨나 했나 보다.

지난 4월 국개의원 선거 때 말씀이야. 주변머리 접어두고 이리저리 간살 떨고 얼렁뚱땅 엉너리 둘러댄 것인지 난다 긴다 하는 거물급 다 제쳐두고 무지렁이 건달 변강쇠 놈, 금배지 척 거머쥐는 걸 보면 세상 참 요지경 속이라, 바야흐로 세상은 요지경 속이라. 쇠푼이나 쥐었다고 자라목 잦바듬히 젖히고 거들먹거린 그 녀석, 국개의원 고깔모자 꿰어 쓰고 어기적, 어기적 젠체하는 오리걸음 느자구없는 꼬락서니라니…. 서울 용산에 대통령 한 명, 여의도에 한 명, 머리 두 개 달린 괴수怪獸의 나라. 북쪽에는 ICBM, 남쪽에는 여의도 폭탄 안고 이쪽저쪽 '거시기치레' 기싸움하나 보다.

저마다 벙거지 쓰고 촉새 딱새 나부댈 때.

파도야, 죽살이 파도야

울 엄니 푸른 역정, 태산준령 넘어온 걸까?
게거품 물고나 와서 모래톱에 패대기치는,
우르릉… 성난 저 파도
화엄신장 현신이다.

무슨 잡귀 들렸기에 밤새도록 잠 못 들고
죽살이, 죽살이치듯 치솟았다 도로 시르죽는,
우르릉… 성난 저 파도
걸신들린 비렁뱅이로.

때때로 거멀못 치고 울짱 지른 바위너설
뒤흔들어 달싹 않는 요지부동 암벽 너머
우르릉… 성난 저 파도
앞섶 풀고 회리 친다.

봄빛 데생

푸나무 잎 올라탄 이슬, 햇살 몇 톨 꿰어 차고

발끝 몽근 자줏빛 그늘 흐느적 경련을 한다.

잡죄고, 가슴 저리고, 아릴 만큼 환한 날에.

잠행 潛行
- 나는 지금 죽으러 간다. 허나, 나의 이름은 영원히 살 것이다.
  _전봉준

희희호호熙熙皞皞 눈 세상 딛고, 발세 험한 산길 탄다.
칼날 세운 가수알바람, 성긴 눈발 앞세워 올 즘
칙칙한 어둠의 신이 느릿한 몸 외로 튼다.

검은 나뭇가지 끝에 올라탄 뭇별들이 이 가지 저 가장이로 드난살이 가는 건가? 구만리 머나먼 잠행 길, 도포 자락 추스른다.

천근만근 무거운 몸
동학 접주 전봉준이
팍팍한 그날의 역설逆說
찬 눈발 뒤집어쓰고
한 떨기
가랑잎 굴기
불 지피고, 또 지핀다.

새까만 어둠의 너울 땅거미가 어깨 겯고
민보군에게 덜미 잡혀 끌려가는 가시밭길
뭐 같은 세상 굽어보다 진저리, 토악질하다….

노란 눈, 붉은 눈 부릅뜬 채 별떨기 수런댄다.
왈짜패, 여리꾼, 좀도둑, 초라니패, 야바위꾼, 장돌뱅이, 남사당패, 산적 떼, 도붓장수 얼씬대지만 기실은 불한당들, 사기꾼들, 주인집 색시 보듬으려다 들통이 나 도망쳐 나온 종놈, 중도 속도 아닌 땡땡이들뿐
몇 차례 딱딱 소리 나도록 윗니, 아랫니 악다문다.

북소리 둥둥 울리면 온 산 뒤덮는 흰옷 물결
더럽게 썩어빠진 개뼈다귀 풍진세상을 깨끗한 새 터앝으로 바꿔놓자고 일어선 동학군. 피 끓는 결기 한껏 떨치면서, 떨치면서 백산으로 올라가 진을 친 일 떠올린다. 손에 손에 죽창을 든 수천의 민초들이

민둥산 백산을 가득 메웠지. 동학군 일제히 앉으면 죽창이 온 산을 덮어버리고, 동학군 일제히 서면 흰옷이 온 산을 덮은 일 떠올린다. 죽창들은 숲을 이루고, 흰옷들은 녹두꽃으로 피고

두리둥, 두리 둥둥둥 지령음地靈音이 울려왔지.

빼빼 마른 억새풀들 와와, 와와 일떠선다.
억새 숲 저편에서 관군 깃발 소리 지른다.
물안개, 자욱 아득한 비산비야非山非野 들머리에.

짙은 어둠 조마조마 웅성대고, 웅성댄다. 희나리⋯ 그래 나는 아직 덜 마른 생장작 희나리다. 흔줄의 마지막 조선 사람, 농민군 대장 전봉준이다.

허허 둥둥 가마 타고 실려 간다, 끌려간다.
포승줄에 결박당한 채 재갈 물려 끌려간다.

때 절은 바지저고리, 그 알상투 바람으로.

파김치 망가진 몸, 짚북데기 몸맨두리
 살아야 한다, 살아야 한다. 한양 사람들이 내 목에서 흘러내리는 선지피 보아야 한다. 종로 네거리 한복판에서 목이 잘려 장대 꼭대기 내걸릴 때까지 살아야 한다, 살아야 한다. 끓는 피 허우적허우적 발버둥 쳐야 한다.
 밤도와 잠행을 할 때 눈발 저리 들렌다.

■ 한승원 소설 「겨울잠, 봄꿈」 참고.

깨춤 추는 바다

호랑님도 몸 치 떤다는 구시월 도지도 아닌

한식날 봄바람에 까치놀 하얗게 능놀고 있다.

밤도와 일렁거리는 시그리불*, 깨춤도 제격이다.

* 미생물이 뿜어내는 인광燐光.

잘룩귀꼴뚜기

눈앞 어둠 수런수런
오두방정 떨어댄다.

저런, 저런 빌어먹을 꼴뚜기 용두질 치는 것 좀 봐!

밤마다 살 비비는 소리
느실난실 곡두*를 만났을 껴!

* 눈앞에 없는 것이 있는 것처럼 보이는 현상.

멘붕* 개펄

그 바다 등마루에 흰 누엣결 짊어나 지고

그 파도 머리 위에 메밀꽃 뭉텅 꽂혀 있다.

썰물 진 중년의 끝자락, 가슴 온통 휑하다.

---

* '멘탈 붕괴'의 줄임말. 정신이나 마음 따위가 무너져 내리는 것을 의미한다.

대적對敵

*
눈앞에 뵈는 것과 뵈지 않는 것들 사이
떼어내야 할 혹이 있다, 음험한 등 뒤에서
대거리, 맞대거리하는 끝장 혈투 싸움닭!

**
거칠고 광폭한 몸짓, 그 바다 다독일까.
비나리 치고 또 쳐봐도 앵돌아진 무저갱 바다
끝끝내 성난 해일인가, 볏 세우고 일떠선다.

톱날 바다

검푸른 파도 머리 울뚝불뚝 융기하고
야행성 동물 눈빛 푸른 인광 쏘아댄다.
바다는 거대한 톱날
막무가내 썰어댄다.

커다란 원시 파충류인가,
젖빛 운무雲霧 깔고 앉아
골짜기는 암컷인 양 암내 풀풀 풍겨내고
저 멀리 북극성 손짓
천만년 그 신화 속에.

5부

여적餘滴 2

숲속 빠끔 얼굴 내민다,
퉁퉁 불은 별떨기가
밀물 자락 거스르며
머리 헤친 높새바람
쏨뱅이 뼈다귀같이
말씨 빳빳 되쏘는 날.

독즙보다 쓴

믿는 나무 곰핀 겐가?
하늘 잡고 돼기 치는 바람.
독가오리 등지느러미 흐르는 독즙보다 더 치명적인, 쓰고 맵고 멀겋게 흘러 괴어 있는 시간
꽃잠에 흠뻑 취한 짐승, 저 바다 는적댄다.

은빛 달랑게

햇빛을 되쏘는 등짝, 달랑게는 은빛이었다.

꽃게나 밤게나 소라게나 뻘떡게 따위와 달리 매우 섬약하면서도 날렵하고 귀티 나고 양반스런 개구쟁이. 해방풍 보리사초 갯능쟁이 갯메꽃들이 듬성듬성 늘어앉아 있는 모래언덕 밑 보슬보슬한 보리밭, 파도 위에 얹힌 메밀꽃 뭉텅이 누엣결이 쏘아 올린 하얀 환희 너머로 줄행랑치는 달랑게….

소녀의 퀭한 눈망울에 흡수지처럼 빨려들고 있었다.

■ 한승원 소설「해일」참고.

하얀 밤, 전갈

독침 마냥 흔들어댄다, 미친 그 음일淫佚의 밤.

 세모꼴 주름진 등도, 염주 알 굴리는 꼬리도, 살기 팔팔 넘쳐난다. 맹독성에, 야행성에, 잠행성에, 잔혹성에, 골골샅샅 맥 못 춘다. 여름밤 남쪽 하늘 지평선 너머 긴 주걱 드리운다, 음흉한 전갈자리 기나긴 주걱 그늘 정수리에 드리운다. '조용한 살인자' 악명 높은 극동전갈, 독기 품은 황제전갈 검푸른 그림자 눈앞에 어른거릴 때 '인간 전갈' 슬픈 그 음일 그늘 그예 그리 얼씬거린다. 박사방인지, 독사방인지, 부타톡신 독성을 문 'n번방 인간 전갈' 느물느물 활개 친다.

 밤새껏 따라오는 달도 개기월식 휘말린다.

한낮의 되돌이표

모래밭 거슬러 오른 후끈한 그 복사열이

파도가 게워내는, 쓸린 물 자국 핥고 있다.

긴 연안 수렁 깊은 어둠, 헛목 또한 다듬는다.

섬뜩한 날의 기록

소름 치듯, 소름 일듯 뭇별들 떨고 있다.

두 눈 가득 불을 밝힌 내안內岸의 허튼층쌓기

꽉 밟힌 어둠의 줄기

짐승처럼 울부짖는다.

곰팡이 검은 포자

 늙은 사장나무 밑에 까만 어둠 웅크려 있다. 앞산 잔등 기어오른 재넘이가 들판 다시 가로지를 때 누구냐? 곰팡이 검은 포자처럼 골짜기 숲 울린 너.

어느 날 일기

골짜기 숲 사이, 사이
어둠의 자식 진을 친다.
눈 감으면 이내 몸도 허허둥둥 허공 짚는 어둠의
자식 될까?
기거나 나는 짐승도
다 어둠의 자식 될까?

뜬금없는 풍경

그 여인 미끄럽고 덤턱스런 둔부였을까?

도톰하게 부풀어 오른 회흑색 갯벌 언덕

때때로 앵돌아진 날 물볼기 치기도 한다.

길거리 논객論客

입 발린 청론 탁설, 여론 몰이 깔축없다.
허투루 집적, 집적이는 시시콜콜 거리 논객
혀뿌리 빛살을 가린 자객刺客 칼날 번득인다.

어느 때는 광폭 힐난, 어느 때는 온건 몸짓
발아래 곤두박인 화두話頭 한쪽에 개켜나 놓고
막다른 거리 너머로 멘붕 시대 손짓할까?

먼지 입은 신문지를 접었다 도로 펼친다.
이리 뒹굴, 저리 뒹굴 부침하는 낯선 테제
하마나 씁쓸한 공론이 발걸음을 옭아맨다.

헛목 다듬는 바다

묽은 잿빛 이내[嵐氣] 속에 눌린 섬이 깨어난다.
어둠은 이빨을 가졌나? 연옥이나 지옥처럼
수차례 헛목 다듬다 반짝이는 바닷자락.

보야흐로 물빛 새벽
허물 한 꺼풀 벗는 소리
바다가 돌팔매 맞고 흐, 흐, 흐 흐느낄 때
싸라기 별떨기 눈이 물거품 위에 포개진다.

해안선 일박―泊

깨진 사기 조각 박힌 건가? 앙가슴 섬뜩하다.
눈물 바람 울음 바람 꼬리 긴 해조음 말고
저 멀리 수평선 너머 까라지는 어느 그림자.

하얀 일요일

휑하게 뚫려 있는 암흑 공동空洞 빠져들까?
흘러, 흘러 멈칫댄다. 처연한 슬픈 그늘
자괴감 열패감 따위, 궂긴 몸을 쥘 때 있다.

캄캄한 물목 치받는 아픈 회한 물살 너머
혼자서 애면글면 허우적댄 표박漂泊의 나날
살과 뼈 짓물어 뜯고, 피를 탐한 악귀 같은.

사형수 목을 여수는 그 망나니 칼날인가?
귀신 소리 퍼 나르는 호랑지빠귀 새된 울음
먼 하늘 한 귀퉁이에 종이 구름 날아드네.

점박이 갈매기가 지난 시간 점선 긋는다.
정수리에 독침처럼 기어든 어둠의 입자粒子
바닷물 퍼렇게 눈 뜨고 자맥질도 잦은 그날.

엉너리, 혹은 설레발

성마른 억새 숲을 쓸어 눕히는 하늬바람
붓글씨 비백飛白처럼 구름 한 채 내다 건다.
젠장칠
세속 허드렛일
이내[嵐氣] 걷고 일떠선다.

얼굴 반쯤 찌그러진
낮달 뒤켠 서글픔 물고
앞개 뒷개 해조음이 엉너리, 설레발칠 때
저 파도
형광색 품은
물방울 툭툭 튕겨낸다.

보이지 않는 힘 너울이 겯고틀고 용틀임하고
결너비 큰 불의 빛살
어지럽게 소용돌이친다.

머나먼

시계視界 밖으로

호랑지빠귀 울음소리….

바닷가 음유시인

*

짐승 울음 해조음 끌고 앞산 뒷산 잔등 탄다.

저물도록 해안선 지고 해찰 걸음 음유시인

갈매기 끼루룩 소리, 무슨 차운次韻 내다 걸까?

**

바다 건너 휘달려 오는 미역 바람, 앳된 바람

홀맺힌 응어리 푼다, 앞개 뒷개 물목을 딛고.

음, 음, 음 물안개 따라 절창 그예 뽑아 든다.

자괴 自愧

쥐라기 시조새인가, 검은 구름장 꺼먹댄다.
가시복 독가시 같은 더듬이 뻗어 내리고
마른 풀 쇳소리 지르다 부르르 온몸 떤다.

청동빛 적요였나? 죽음 같은 잠의 세계.
태평연월 그늘만 섬긴 자괴의 슬픈 그날
등줄기 타오른 전율이 정수리를 파고든다.

남의 설움 열을 더해도 내 설움 하나만 할까?
쓸개가 소모품이라면 내 쓸개는 열두 개라도 모자라
썰렁한 겨울 산그늘, 턱밑 그리 치받는다.

진질에게 뺨 맞고

찰부락, 찰부락대는 여린 파도 등 너머로
찢어진 걸레쪽 구름, 뒷산 훑고 내달린다.
반투명 차광막 펼친 안개 군단 멈칫댈 때.

노을은 지네 발인가, 느릿느릿 기어나 들고
짙은 해매海霾* 권역 속에 섬 한 채 능놀고 있다.
우 우 우 그 모퉁이 돌아 저 바다 목을 놓고.

하얗게 일떠선 물보라, 섬 자락 쥐락펴락…
밤바다 자궁인 듯 소용돌이 썰물 휩쓸리고
뺨 한쪽 찌그러진 낮달, 물 괸 눈 디룩댄다.

진질에게 뺨 얻어맞고 쥐구멍 찾는 걸까?
널브러진 모래톱 너머 웅크리는 휴지 조각
구겨진 종이컵 하나, 불평스레 모로 눕는다.

* 바다 안개.

이쪽에다 다리 놓고, 저쪽에다 샛길 트고

소금기 눅진한 바람
파도 등허리 희롱한다.

어림잡아 보기에는 경솔하게 덜렁거리고, 소갈머리 없이 까불대고, 낙천적이고, 두루춘풍 너털거렸다. 무슨 일이든 다른 사람들 헤헤거리는 쪽으로만 헤쳐 가려고 들었다. 그는 잽싸고 약삭빨랐다. 이쪽에다 다리 놓고, 저쪽에다 샛길 텄다. 여느 땐 모자란 듯 언거번거하지만, 기실은 진저리 쳐질 정도로 언구력 떨고 엉너리 잘 부리는 도사였다. 그는 어디에 어떻게 내던져 놓아도 남한테 엉덩이 한번 차이지 않고, 굶어 죽지 않을 것이라는 어림짐작 삼각함수였다.

바람도 그를 들먹일 땐
어깃장 소릴 냈다.

■ 한승원 소설 「우리들의 돌탑」 참고.

뱃길, 서해바다

몸은 아직
꽉 찬 배춧속
실하고도 단단하다.

한평생 배꾼으로, 서해 흐린 물빛 밀려드는 조류 다 삼키는 격랑 속에 대끼다 대거리하다 이냥저냥 살아온 몸. 바다는 늙은 작부, 정 많고 신산辛酸하고 허벌나게 헤픈 변덕쟁이다. 고기 떼 쫓고 쫓아 먼 바다 배돌고 배돌다가, 밀려드는 수천수만 물굽이 거슬러 오르다 곤두박이고…. 동짓달 손돌바람 홍어잡이 배를 몰고 이레를 저어, 저어 대청도 다다르면 겨울 바다 차고 맑은 기류 위에 멀리 중국 땅 그림자 스멀스멀 다가온다. 먼 옛날 죄를 입은 중국인 소금배 타고 바다 건너 도망쳐 온 해령海嶺 포구. 물길 따라 너울 따라 불길 활활 타오를 때 바람도 그만 쫓겨 가나, 쫓겨 가나.

갯바람

화톳불 화르륵

휘어 감고 너울댄다.

■ 오정희 소설 「불망비」 참고.

일떠서는 물너울

악惡은 악끼리 서로 물고 뜯고 실랑이질하고

죽살이生死, 죽살이치듯 그 바다 토악질한다.

샛바람 산파래 떨듯

으스스 토악질한다.

밀물 줄기, 썰물 줄기, 삼키고 거듭 삼켜도

허기진 잡식성 파도, 밭은목에 침 삼킨다.

희번덕 눈 끔벅거리다

모래밭 들이받는다.

| 해설 |

끝이 안 뵈는 길을 걷는, 해찰 걸음 음유시인
―윤금초의 시조 미학

유성호 문학평론가·한양대학교 국문과 교수

1. 생명과 시원始原을 향한 일대 찬가이자 예술적 집성集成

한국 시조시단의 거장巨匠 윤금초 선생의 신작 시조집 『아야진 블루』가 출간된다. 이 시조집은 그야말로 생명과 시원을 향한 일대 찬가이자 시인 자신의 내면을 향한 예술적 집성으로 다가온다. 자유롭고도 역동적인 언어와 시상詩想과 문장으로 선생은 정형 미학의 단조로운 틀을 넘어 삶과 죽음, 생성과 소멸, 시간과 공간, 이성과 욕망의 이중주를 다양하게 펼쳐낸다. 그리고 사물의 표면을 인상적으로 포착하고 개괄하는 서경적 묘사나 화자의 자기표현을 위주로 하는 서정적 고백을 훌쩍 벗어나 독자적 음역音域을 이루어간다. 우리가 선생의 시조를 읽고 그 안에서 어떤 전율을 경험하는 것은 이처럼 선생이 자신만의 예술 언어를 오랫동안 발굴하고 실험하고 완성해온 특유의 이력 때문일 것이다.

또한 윤금초 선생은 사물의 낱낱 존재 방식을 따라가면서도 인간 보편의 존재론으로 궁극적 전언을 한결같이 귀결해 간다. 선생의 이러한 실천은 새롭고 낯선 요소들을 통해 감상자의 시선을 한없이 울려주는 미학적 효과를 수반한다. 이때 선생은 경험적이고 사실적인 삽화가 아니라 상상적 질서에 따라 감각과 사유의 과정을 재배열한 결실을 특유의 예술적 구성력으로 보여준다. 이러한 과정은 대개 대상들에 대한 적정한 은유를 통해 펼쳐지는데, 선생은 그들에 대한 깊은 관찰을 매개로 하여 자신이 깨달아 온 삶의 이법을 들려주는 작법을 줄곧 택하면서 자신의 시적 수심水深을 들여다보고 있다. 이러한 시적 기율이 스스로를 퇴행적이거나 회고적인 정서에 머무르지 않게 해준 핵심 원리가 되었을 것이다.

그렇게 윤금초 선생의 시조는 서정시의 소통 가능성을 한층 높이면서 친화력 있는 소재와 어법으로 타자에 가닿는 과정을 보여주고 있고, 한결같이 인간적 삶의 고갱이를 환기하는 소재를 온전하게 취하고 있다. 이 모든 방법론이 시적 대상에 대한 애정 어린 관찰과 묘사를 가능케 해주었을 것이다. 따라서 우리도 선생의 미더운 시선을 따라 그 관찰과 표현의 언어에 동참할 수 있게 된다. 이제 그 예술적 높이와 깊이의 세계로 한번 들어가 보도록 하자.

2. '바다'의 형상을 통해 암시하는 예술적 역동성

폴 발레리가 말한 "시는 언어의 연금술"이라는 명제는 아직도 시를 비유적으로 설명하는 정점의 모델이 되어준다. 그만큼 시는 다른 어떤 언어 양식보다 훨씬 더 치밀한 장인 정신을 요구한다. 특별히 정형 양식인 시조는 조화로운 언어 배열과 구성을 통해 발화되어야 하는데, 윤금초 시조에서 언어의 연금술은 보편적 감성이 아닌 신성한 비의秘義, 단조로운 조화가 아닌 예술적 비틀기, 무미한 통일이 아닌 창의적 일탈이 중요하게 나타난다는 점에서 단연 첨예한 현대성을 거느리고 있다. 이는 시조가 일상 언어와 변별되는 정제된 속성을 지닌다는 견해에 대한 도전이자, 시조에 대한 새로운 언어 해석이며, 현대인의 복합성을 효율적으로 드러낼 수 있는 그만의 예술 방법이 아닐 수 없다. 그 비유적 물질성을 미학적으로 되살아나게 해준 메타포가 이번 시조집에서는 단연 '바다'로 나타나고 있다.

>굽이굽이 이어 내린
>말갈기 곧추세우고
>
>물미는 성난 파도 떼
>뒷심 누가 받쳐주는지
>
>항꾸네
>용틀임하는
>힘센 거대 물뭍동물!
>　-「하얀 물갈래」 전문

*

짐승 울음 해조음 끌고 앞산 뒷산 잔등 탄다.

저물도록 해안선 지고 해찰 걸음 음유시인

갈매기 끼루룩 소리, 무슨 차운次韻 내다 걸까?

**
바다 건너 휘달려 오는 미역 바람, 앳된 바람

홀맺힌 응어리 푼다, 앞개 뒷개 물목을 딛고.

음, 음, 음 물안개 따라 절창 그예 뽑아 든다.
　－「바닷가 음유시인」 전문

앞의 시편에서 '바다'는 "하얀 물갈래"로 형상화되고 있다. 정지용의 「바다 2」에서 우리는 "흰 발톱에 찢긴/ 산호보다 붉고 슬픈 생채기!"라는 표현을 보았거니와, 윤금초의 작품에서는 "굽이굽이 이어 내린/ 말갈기 곤추세우고// 물미는 성난 파도 떼"라는 탁월한 비유적 형상을 만난다. 그 뒷심을 누가 받쳐주어서인지, 함께 용틀임하는 "힘센 거대 물뭍동물!"은 하얀 물갈래의 역동성을 선명하게 부조浮彫한 형상적 결과인 셈이다. 자연현상인 파도를 세밀하게 관찰하여 힘차게 용틀임하는 물길로 하여금 우리에게 다이내믹한 형상으로 나타나게끔 한 것이다. 뒤의 시편에서는 '바닷가 음유시인'이라는 낭만적이고 자전적自傳的인 대상을 노래하고 있다. 그 '음유시인'은 "짐승 울음 해조음"을 끌고 저물도록 해안선을 따라 해찰 걸음을 걷고 있다. 아름다운 "차운"의 과정을 통해 바다 건너 불어오는 바람과 물안개를 담은 "절창"을 뽑는 모습이야말로, '시인 윤금초'의 예술적 초상을 비유하는 맞춤한 형상이 아닐 수 없겠다. '바닷가 음유시인'은 바로 시인 자신이었던 셈이다. 이처럼 이번 시조집에서는 예술적 형상과 인생론적 형상이 끝없이 교차하면서 펼쳐지고 있다는 점이 무척 인상적이다. 그렇게 윤금초 시인은 "은빛 비늘 터는 바다"(「바다 묵시록」)에서 "바람에도 결이"(「판도라 바다 1」) 있음을 발견해 가는 남다른 안목과 감각과 필법筆法으로 우뚝 서 있다. 다음은 어떠한가.

먹물 그리 핥는 건가, 어둠이 부연해진다.

난바다 질러오는 파도 새하얗게 깨어지고, 은구슬 물고

자맥질하다 너나없이 깨어진다. 파도 조각 이랑마다 아침 햇살 되쏘고 있다. 호리병 밑바닥같이 넓고 둥근 모래밭에는 가끔씩 잔파도가 버나재비 재주넘고. 웅 웅 웅 파도 덩이 거친 바다 헤치고 오는 바람 둘러업고 자맥질한다, 자맥질한다. 썰물 져 밀려 나간 바닷물은 아낙의 둔부처럼 도도록한 개펄밭 아래 깨끼춤을 쑤석거리고. 아침놀 머금은 바다는 저마다 제 자란 키만큼 높디높게 융기하는 파도를 껴안았다 좌르르 풀어준다.

목울음 파도 소리가 왼고개를 틀다 만다.
−「아침 바다 시편詩篇」 전문

이 아름다운 사설시조 안에서 '아침 바다'는 먹물을 핥으면서 "선염법渲染法"(「컴포지션 2」)으로 번져간다. 동이 트자 바다는 천천히 분주해진다. 먼 바다 질러온 파도가 깨지고 파도 이랑마다 햇살이 비추어준다. 둥근 모래밭에 잔파도가 재주를 넘고 파도는 바람을 둘러업고 자맥질한다. 바닷물은 개펄밭 아래를 적시고 결국 바다는 융기하는 파도를 껴안았다 풀어주는 모성적 품을 크게 보여준다. 그렇게 "목울음 파도 소리가 왼고개를 틀다" 마는 '아침 바다'는 너무도 선명하고 세부적인 재현과 묘사로 돌올하게 각인되고 있다. 이러한 형상화 방법은 "저 멀리 수평선 너머 까라지는 어느 그림자"(「해안선 일박一泊」)를 불러오고 "제멋대로 먹물 번진 흐릿한 수묵의 바닷가"(「푸른 전율」)를 우리 앞에 데려다 놓는다. 모두 선명하고 아득한 사물의 물질성과 초월성을 한꺼번에 보여주는 대목들이다.

모든 예술에는 감각적 구성이 먼저 나타나고 그 위에 예술가의 상상적인 인생론적 사유 과정이 따라오게 마련이다. 그리고 그러한 질서의 연쇄는 실제 사물에서만 비롯하는 어떤 것이 아니라 '환幻'이라고 호명할 수 있는 형상이 나타나는 순간에 이루어지기도 한다. 이때 환의 움직임이 어쩌면 실제 사물이나 현실보다 훨씬 더 예술성을 환기하게 되는데, 윤금초 시조는 '바다' 형상이 던지는 예술적 역동성을 통해 이러한 미학적 가능성을 최대화하고 있다. 그 점에서 그의 시조는 우리 시조시단에서 비근한 사례를 찾기 어려울 정도로 유니크한 독자성을 갖추고 있다. 사물과 내면을 육친적 교감으로 결속하면서 우리에게 삶의 진정성을 전해주는 인지적 충격의 세계가 '바다' 한가득 출렁이고 있다 할 것이다.

3. 오래된 시간의 음영陰影까지 그려내는 사유와 감각

 그런가 하면 윤금초 시인은 자신의 몸에서 일어나는 생명의 역동성을 파악해 내는 과정을 통해 다양한 시원의 형상을 생생하게 보여준다. 물론 그의 시편은 생성의 활력뿐만 아니라 소멸의 필연적 양상까지 암시하는 복합성의 세계를 견지하지만, 특별히 오래전부터 이어져 오는 경험과 사유와 감각까지 잡아내는 정신적 활력을 보여준다는 점에서 단연 주목할 만하다. 이는 비유컨대 새로운 미명을 담아내는 동시에 오래된 지난 시간의 음영까지 그려내는 것이 자신의 몫임을 말해주는 것이다. 그렇게 윤금초 시조는 오랜 시간을 통합하고 있고, 비록 특정 공간일지라도 그것을 우주적 차원으로 펼쳐가는 특유의 확장적 에너지를 견지하고 있다 할 것이다. 다음 작품의 풍경에 서려 있는 그러한 경험과 사유와 감각을 한번 읽어보도록 하자.

> 까마득 경계선 너머 손 밖에 좌표를 찍고
> 흰 누엣결 이고 와서 바위너설 업고 논다.
> 제 깜냥 궁리한 만큼

높낮이 파고波高 풀어놓고.

수평선 멀리 헤갈대는 갈매기 끼루룩 소리
무채색 캔버스 위에 개칠 거푸하는 짬에
방파제 머리 짓찧고 비명 지르는 늙은 파도.

천야만야 낭떠러지,
허방 깊은 저 무저갱 속
이름 모를 어패류가 금빛 인광燐光 쏘아대고
늠연한 바닷속 궁륭穹窿
이내 몸도 휘청! 한다.
 -「아야진 블루blue」 전문

 이번 시조집의 표제작이기도 한 이 시편의 제목 '아야진我也津'은 강원도 고성군 토성면에 위치해 있는 어느 포구의 이름이다. 그곳 바다는 까마득한 경계선 너머 좌표를 찍으면서 파고를 "제 깜냥 궁리한 만큼" 풀어놓는다. 수평선 멀리 있는 갈매기와 방파제에 머리 찧는 "늙은 파도"는 아마도 포구를 감싸고 있는 시간의 형상일 것이다. 이때 시인은 "천야만야 낭떠러지,/ 허방 깊은 저 무저갱 속"에서 "금빛 인광"과 "늠연한 바닷속 궁륭"을 바라본다. 이 아름다운 블루의 광채가 이 아름답고 작은 아야진을 예술적으로 돋올하게 해주고 있다. 이처럼 윤금초 시조는 "관음의 손길로 오는 연꽃 바다 물목"(「판도라 바다 2」)은 물론 "쇳소리 빛살들이 회오리 몰고 오는 바다"(「바다 자궁」)로 뚜렷하게 현상되고 있다. 이들 모두가 제각각의 몫으로 존재하면서 각자 특유의 형상적 오롯함을 아득하고 아늑하게 보여주는 것이다.

빨간 건 빨간 대로

노란 건 노란 대로

푸른 건 또 푸른 대로 채도彩度 한껏 돋워놓고

천년 숲

들깨운 가을비

하늘 귀도 씻고 있다.

-「숲길, 가을비」전문

휑하게 뚫려 있는 암흑 공동空洞 빠져들까?
흘러, 흘러 멈칫댄다. 처연한 슬픈 그늘
자괴감 열패감 따위, 궂긴 몸을 쥘 때 있다.

캄캄한 물목 치받는 아픈 회한 물살 너머
혼자서 애면글면 허우적댄 표박漂泊의 나날
살과 뼈 짓물어 뜯고, 피를 탐한 악귀 같은.

사형수 목을 여수는 그 망나니 칼날인가?
귀신 소리 퍼 나르는 호랑지빠귀 새된 울음
먼 하늘 한 귀퉁이에 종이 구름 날아드네.

점박이 갈매기가 지난 시간 점선 긋는다.
정수리에 독침처럼 기어든 어둠의 입자粒子
바닷물 퍼렇게 눈 뜨고 자맥질도 잦은 그날.
　　-「하얀 일요일」전문

이제 윤금초 시인의 사유와 감각은 그 범위와 목소리

를 더욱 다양하게 펼쳐간다. 바다를 잠시 떠나 시인은 숲길에 다다른다. 가을비가 내려 각양各樣의 채도를 한껏 돋우어놓은 "천년 숲"에서 빗줄기가 "하늘 귀도 씻고" 있음을 묘사하고 있다. 결국 이 작품은 숲길에 내린 가을비를 가장 신성한 빛으로 담아낸 가편佳篇이라 할 것이다. 또한 '하얀 일요일'이라는 제목을 통해 시인은 자신이 일상적으로 맞닥뜨리는 "암흑 공동"과 "처연한 슬픈 그늘/ 자괴감 열패감 따위"를 떠올려 본다. 그것들이 몸을 죌 때가 있지만 "애면글면 허우적댄 표박의 나날"을 넘어가는 시인의 의지는 때로 "사형수 목을 여수는 그 망나니 칼날"처럼 다가들기도 하고 "정수리에 독침처럼 기어든 어둠의 입자"처럼 자맥질하기도 한다. 그러한 마음의 적층積層을 두고 시인은 "긴 연안 수렁 깊은 어둠"(「한낮의 되돌이표」)을 넘어 "두 눈 가득 불을 밝힌 내안內岸"(「섬뜩한 날의 기록」)에 가닿는 신성한 행위로 비유하고 있다. 그렇게 시인은 가을비 내리는 숲길이나, 공동과 표박의 나날까지 아우르면서 오래된 시간의 음영을 순간순간 기록해 간다.

  이렇듯 윤금초 시인은 분별적 이성 이전에 존재하는 원초적 사물이나 관념을 감각적 충실성으로 하나씩 재현해 간다. 이 또한 시조 미학의 다변화를 위해 그가 쌓아온

적공積功의 한 사례일 것이다. 그것은, 들뢰즈식으로 말하면, 인식론적 지각perception이 아니라 육신에 직접 작용하는 존재론적 감각sensation을 동반하는 어떤 것이다. 이때 감각은 주체와 세계를 이어주는 단순한 도구적 통로가 아니라, 주체와 세계가 만나면서 생성하는 경험적 진동이자 원초적 현상으로 다가온다. 이러한 차원에서 윤금초 시조는 메시지 중심에서 환유적 감각의 층을 풍부한 모호함으로 확산해 내는 코드로 이월되고 있다고 할 수 있을 것이다. 광대한 스케일 못지않게 생명과 시원을 탐색해 가는 그의 발걸음이 우리 시대의 장인을 떠올리기에 모자람이 없어 보이는 것도 이 때문일 것이다. 그렇게 그는 오래된 시간의 음영까지 그려내는 민활한 사유와 감각으로 한국 시조시단의 성층을 두껍게 해가고 있다.

4. 시간의 흐름에 따라 사라져 가는 것들을 품는 예술적 자의식

그런가 하면 윤금초 시조에는 가파른 세상을 살아가는 한 영혼의 다짐과 소망이 가득 펼쳐져 있다. 그 저류底

流에는 소멸해 가는 존재자들의 어둑한 뒷모습과 함께 그 것을 이겨나가는 시인의 인생론적 태도가 깊이 담겨 있 다. 이러한 발화는 순간과 영원을 한 몸으로 결속하면서 다시 그것을 자기 확인의 불가능한 꿈으로 회귀시켜 간 다. 이때 시인은 소멸의 가능성을 불가피한 존재 형식으 로 승인하면서도 지상의 존재자들을 다시 살려내는 역설 의 사제司祭가 된다. 그동안 윤금초 시인은 소멸 직전에 다가오는 순간의 힘으로 모든 사물을 탐색하고 증언하는 시편을 줄곧 써왔는데, 이번 시조집에서도 소박한 낭만 성이나 대상에 대한 미학적 외경에 머무르지 않고 시간 의 흐름에 따라 사라져 가는 사물의 존재 방식을 포착하 면서 예술적 자의식을 얹어가고 있다. 그 과정과 결실이 여러 편의 사설시조에 실려 우리에게 건네지고 있는 것 이다.

걸을수록 늘어나고, 끝이 안 뵈는 길들.

길은 그예 걷지 않으면 안 되므로 걷는 것이다. 걷는 것 말고는 딱히 할 수 있는 일이 없으므로, 무엇을 해야 할지 정녕 알지 못했으므로 걷고 또 걷는다. 아무것도 할 수 있는 일이 도무지 없을 때, 무엇을 해야 할지 알지 못하는 사람이 할 수 있는 유일한 일이란 터벅터벅 걷는 것이다. 꼬인 듯 뒤틀린 듯 강인한 사내 이두박근 닮은 나뭇등걸-사백쉰 살 저 화엄매華嚴梅…. 화엄사 화엄매 따라 섬진강 거슬러 오른 강바람 솔기, 그 솔기 더불어 노고단 허위넘다 숨 한번 고르고 어절씨구 고르다가 우화羽化의 꽃비 맞는다.

   때때로 걷고 걷는 길, 그 위에 내가 선다.
   -「순렛길」전문

시인이 그동안 걸어온 바닷가나 숲길 그리고 암흑 같은 시간들은 모두 시인의 인생론적 '순롓길'로 귀납되어 간다. 그 순례의 길은 걸을수록 늘어나고 끝이 뵈지 않지만, 그 길을 걷는 과정에서 시인은 가장 성숙한 눈과 마음을 얻게 된다. 그 길은 걷지 않으면 안 되는 길이고, 쉬지 않고 걷는 것 말고는 달리 할 수 있는 일이 없을 때, 시인은 강인한 사내의 이두박근을 닮은 사백쉰 살의 화엄매를 만난다. 그 오랜 생명의 '화엄매'는 시인으로 하여금 "우화의 꽃비"를 맞게끔 하면서 그 길 위에 강인하게 서게끔 해준다. 결국 시인은 "죽창들은 숲을 이루고, 흰옷들은 녹두꽃으로 피고"(「잠행潛行」) 있는 길을 걸어가면서 "성속聖俗의 한 뼘 경계"(「카타콤, 카타콤」)를 넘어 "화엄신장 현신"(「파도야, 죽살이 파도야」)에 가닿고 있는 것이다. 어찌 "불을 저작咀嚼하는 빛살"(「불, 소용돌이」)의 움직임이 아닐 수 있겠는가. 한편으로는 사라짐의 필연성을 노래하면서도 그 길 위에서 끊임없이 오래된 '화엄매'를 노래하는 시인의 예술적 자의식이 강인하고 산뜻한 공감을 건네고 있다 할 것이다.

    몸은 아직
    꽉 찬 배춧속
    실하고도 단단하다.

한평생 배꾼으로, 서해 흐린 물빛 밀려드는 조류 다 삼키는 격랑 속에 대끼다 대거리하다 이냥저냥 살아온 몸. 바다는 늙은 작부, 정 많고 신산辛酸하고 허벌나게 헤픈 변덕쟁이다. 고기 떼 쫓고 쫓아 먼 바다 배돌고 배돌다가, 밀려드는 수천수만 물굽이 거슬러 오르다 곤두박이고…. 동짓달 손돌바람 홍어잡이 배를 몰고 이레를 저어, 저어 대청도 다다르면 겨울 바다 차고 맑은 기류 위에 멀리 중국 땅 그림자 스멀스멀 다가온다. 먼 옛날 죄를 입은 중국인 소금배 타고 바다 건너 도망쳐 온 해령海嶺 포구. 물길 따라 너울 따라 불길 활활 타오를 때 바람도 그만 쫓겨 가나, 쫓겨 가나.

    갯바람
    화톳불 화르륵、
    휘어 감고 너울댄다.
    ―「뱃길, 서해바다」전문

다시 서해바다로 돌아왔다. 배춧속처럼 실하고 단단한 모습의 "한평생 배꾼"은 서해 흐린 물빛 밀려드는 격랑 속에서 "늙은 작부"인 바다와 함께 살아왔다. 밀려드는 물굽이 거슬러 오르다 곤두박이거나, 먼 옛날 중국인 소금배 타고 바다 건너 도망쳐 온 해령 포구에 다다를 때면, 바람도 쫓겨 가는 순간을 만나기도 했다. 그러나 화톳불 휘어 감은 채 갯바람 너울대는 뱃길은 "붓글씨 비백飛白처럼"(「엉너리, 혹은 설레발」) 다가와서 "아직 살아 숨 쉰 채 육탈하는 몸짓으로"(「육탈肉脫 실루엣」) 살아온다. 그렇게 "화선지 좀먹어 가는 묽디묽은 수묵처럼"(「시시껄렁한 삽화」) 윤금초의 시조는 "끝내 허물이 없고"(「곰살가운 언동」) 자연스러운 천의무봉의 차원을 이루어간다. 서해바다에서 사라져 가는 노을 못지않게 거기서 찬연하게 재생하는 뱃길의 예술적 자의식으로 '시인 윤금초'는 단연 역설의 존재론으로 풍요롭다.

  두루 아는 것처럼, 우리 시조는 동일성 원리라는 서정시 특유의 미학적 과정을 밟아가면서도 그 안에 실로 다양한 현대성의 계기들을 마련해 가고 있다. 가령 사물의 외관을 묘사하면서 자신의 정서를 투사投射하는 방법, 사물의 안팎에 새겨져 있는 기억의 흔적을 거슬러 올라가는 방법을 통해 시인들은 다양한 서정의 양상을 구현하고 있다. 이처럼 끊임없는 미학적 확장과 응축을 거듭하는 방법론은 시조가 떠맡은 이중의 존재 조건일 것이다. 윤금초 시인은 소재와 의식의 다양한 확산을 통해 시조의 압축적 편향을 넘어서고 있다. 그의 시조는 그렇게 정형 안에 담긴 삶의 구체와 현대성으로 번져오고 있다. 이제 우리는 그가 이루어낸 이러한 성취를 통해 현대시조의 외연과 내포가 커지는 순간을 경험하게 되고, 이후에도 시조는 우리 시조시단의 권역을 두껍게 하는 전위로 남을 것이다. 이 모든 것이 시간의 흐름에 따라 사라져 가는 것들을 품는 예술적 자의식에서 넉넉하게 입증되고 있다.

5. 꿈의 세계에서 발원하고 완성되는 언어예술

 우리는 서정시를 통해 현실에서는 불가능한 존재 전환을 소망하게 된다. 그리고 일상적이고 물리적인 현실을 벗어나 전혀 다른 곳으로 이동할 수 있게 된다. 그 과정에서 이루어지는 상상적 경험은, 사물로 그 범위를 넓혔다가 다시 자신으로 회귀하는 과정을 밟아간다. 윤금초 선생은 서정의 이러한 회귀성과 확장성, 그리고 궁극적 자기 발견 과정을 노래하는 정형 미학의 맹장猛將이다. 선생의 목소리는 단단하기 그지없는 격정의 깊이를 언어 뒤편에 숨기면서, 존재자의 생성과 소멸 과정에 대해 집중적으로 사유해 간다. 말하자면 개화의 아름다움과 낙화의 쓸쓸함을 동시에 포착하면서 삶의 근원적인 회귀적 속성에 대해 사유하고 표현하는 것이다. 이는 서정시가 인간 존재를 이성적으로만 보여주는 것이 아니라 현재형의 감각을 통해서도 파악하는 것임을 선명하게 보여주는 실례이다. 윤금초 시조가 끊임없이 우리의 현재적 감각과 인식을 탈환하는 언어예술임을 확인시켜 주는 더없는 증거일 것이다.

  이번 시조집에는 더욱 다양한 음색과 주제와 형식과 필력의 결실들이 실려 있다. 다양한 작품들과의 상호텍스트성이 있고 호남 방언의 다양한 축제도 펼쳐져 있다. 모두 다루지 못해 아쉬울 뿐이다. 하지만 여전히 우리가 윤금초 시조를 신뢰의 눈으로 바라보는 까닭은 그것이 아무나 흉내 낼 수 없는 경험의 세계인 데다 한편으로는 그것이 삶의 이면을 비추어볼 수 있는 역상逆像의 기능을 충실하게 수행하고 있기 때문이다. 사실 서정시는 현실과 꿈을 때로 결속하고 때로 분리하면서 창작되게 마련인데, 윤금초 시조는 현실과 꿈 어느 한쪽으로 치우치지 않고 그 사이의 긴장 속에서 삶의 복합성을 반영하고 있다. 현실을 암시적으로 드러내면서도 그것을 넘어설 수 있는 꿈의 세계를 예비하여 현실과 꿈의 접점을 풍요롭게 언표하는 것이다. 그래서 선생의 시조는 그러한 꿈이야말로 폐허의 세계를 치유하고 회복하면서 새로운 상상력을 추구해 가게끔 해주는 필연적 형질이라고 우리에게 말해주는 것이라 할 것이다.

  결국 윤금초 선생의 시조는 남다른 기억의 힘으로 지난날을 재현하면서 그 시간을 항구적으로 간직하려는 꿈의 세계에서 발원하고 완성되는 지극한 언어예술이다. 한 영혼의 기억을 기록해 온 양식으로서의 서정시가 독자적 빛을 발하는 순간이 아닐 수 없겠다. 특별히 이번 시조집은 합리성에 의해 구축되는 선험적 질서가 아니라 이성이 그어놓은 표지標識들을 재구성하면서 상상해 낸 상징적 질서로써 시인 스스로를 증명하고 있다. 끝이 안 뵈는 길을 걷는, 해찰 걸음 음유시인의 시조집 출간을 진심으로 축하드리면서, 앞으로도 시조시단의 확연한 전범典範으로서 더욱 현대적이고 실험적인, 동시에 가장 고전적인 삶의 혜안을 우리에게 건네주시길 마음 깊이 희원해 마지않는다.

윤금초

1966년 공보부 신인예술상 및 1968년 동아일보 신춘문예 시조 당선.
시집『어초문답』『땅끝』『해남 나들이』『이어도 사나, 이어도 사나』『질라래 비훨훨』『주몽의 하늘』『무슨 말 꿍쳐두었니?』『앉은뱅이꽃 한나절』『큰기러기 필법』『뜬금없는 소리』『거시기 & 머시기』『바다 인문학』, 장편 서사시조집『만적, 일어서다』, 4인 시조선집『네 사람의 얼굴』『네 사람의 노래』등.
시조 창작 실기론『현대시조 쓰기』『시조 짓는 마을』. 에세이집『갈 봄 여름 없이』『가장 작은 것으로부터의 사랑』『사랑의 텔레파시』등.
중앙일보 중앙시조대상, 고산문학대상, 현대불교문학상, 문학사상사 가람시조문학대상, 한국시조대상, 유심작품상, 조연현문학상, 조운문학상, 민족시가문학대상, 이영도시조문학상, 이호우시조문학상 등 수상. 대산문화재단 창작기금, 조선일보사 방일영문화재단 저술·출판지원금 받음.
현재《정형시학》발행인.
eunje2000@naver.com

아야진 블루

초판 1쇄 2025년 10월 31일
지은이 윤금초
펴낸이 김영재
펴낸곳 책만드는집

주소 서울 마포구 양화로3길 99, 4층 (04022)
전화 3142-1585·6
팩스 336-8908
전자우편 chaekjip@naver.com
출판등록 1994년 1월 13일 제10-927호
ⓒ 윤금초, 2025

* 이 책의 판권은 저작권자와 책만드는집에 있습니다.
  이 책 내용의 전부 또는 일부를 재사용하려면 양측의 동의를 받아야 합니다.
* 잘못 만들어진 책은 구입하신 서점에서 바꾸어 드립니다.

ISBN 978-89-7944-910-5 (04810)
ISBN 978-89-7944-354-7 (세트)